NICOLÁS ROSERO

INSTANTES

Pensamientos, poemas y reflexiones

*"No pierdas de vista
el ahora".*

Juan Nicolás Rosero Rodríguez

¡El poder del Señor es extraordinario!
¡El poder del Señor alcanzó la victoria!
¡No moriré, sino que he de vivir
para contar lo que el Señor ha hecho!
El Señor me ha castigado con dureza,
pero no me ha dejado morir.

Salmos 118: 17-18

INSTANTES
Ceil
CREATIVIDAD
E INNOVACIÓN DE LUZ
EDITORIAL

Derechos de la Obra

Dedicatoria

Porque tú, oh Señor Jehová, eres mi esperanza,
Seguridad mía desde mi juventud.

Salmos 71:5

Dedico este libro a Dios Padre, a Jesucristo, y al Espíritu Santo que siendo uno, sin duda alguna, han sabido explicarme independientemente el propósito mayor de la vida, aquí en la tierra.

A mi querida familia y amigos que hacen parte de la inspiración de este libro. Del mismo modo a todos aquellos que de una u otra manera son sensibles a la voz de Dios, escuchando y obedeciendo en todos los aspectos al Señor Jesús y hacen posible la expansión de su reino aquí en la tierra.

La armonía está al lado de la piedad.
Johann Sebastian Bach

El conocimiento llega pero la sabiduría permanece

(Alfred Tennyson)

Contenido

Agradecimientos

"No tememos a la muerte, tememos que nadie note nuestra ausencia; que desaparezcamos sin dejar rastro."

Thomas Stearns Eliot

Especialmente al Espíritu Santo por ser el eje central de inspiración en mi vida. A mi esposa Lady e hijas: Camila, Paula, Sara Valentina; las Amo profundamente. A mi buena amiga incondicional en todos los tiempos: Mygdalia, tu apoyo incondicional, a cientos, por no decir a miles, ha sido el faro de luz en Altamar.

A mis Padres y Suegros, gracias por amarme y aconsejarme en los momentos complicados de la vida. A mi Tío Héctor, muchas gracias por confiar en nosotros y publicar en la Editorial. A mis hermanos, sobrinos Cuñados(a). A los amigos y amigas de la juventud. A la iglesia: El lugar de su Presencia y a todo su equipo de trabajo: Pastores y Salmistas, muchas gracias. Un saludo especial a Margarita y Carmensita amigas de Dios.

Ustedes han sido una bendición para el cuerpo de cristo, Dios los bendiga grandemente.

Líderes de los grupos de conexión. Todos ustedes son un ejemplo en el ministerio, mil gracias por sus oraciones. Un agradecimiento especial para el pastor, Eduardo Cañas Estrada, sus enseñanzas y sabiduría han sido un refrigerio en los tiempos de incertidumbre.

A todos ustedes que el Señor Jesús continúe guardándoles y bendiciéndoles grandemente.

¡Muchas Gracias…!

NICOLÁS ROSERO

PRÓLOGO

CEIL

CREATIVIDAD
E INNOVACIÓN DE LUZ

EDITORIAL

"La poesía es sólo la evidencia de la vida. Si tu vida arde bien, la poesía sólo será la ceniza."

Leonard Cohen

« ¿No es mi palabra como fuego que quema o como martillo que rompe la roca?»

(Jeremías 23,29)

Prologo

"Dos cosas son infinitas: el universo y la estupidez humana; y yo no estoy seguro sobre el universo."

Albert Einstein

Hace unos años, comencé a investigar el tema de la creatividad y la Innovación de una manera especial. En su momento no tenía un concepto específico de lo que significaba ser una persona creativa e innovadora, de hecho, pensé que ese título, (Creativo) por así llamarlo del algún modo, se asignaba aquellas personas que trabajaban como diseñadores, chef, arquitectos, publicistas, programadores, desarrolladores web, artistas, músicos, estilistas entre otros.

Después de entrar en materia y especialmente leer a grandes escritores como es el caso de: Ken Robinsón, Edward de Bono, Eduard Punset, Mónica Sorín, Napoleon Hill, J. R. R. Tolkien, Steve Jobs, Bill Gates, La Biblia, entre otros; comprendí que todos tenemos la capacidad y podemos ser personas altamente creativas e innovadoras en nuestras vidas. En efecto, simplemente necesitamos aprender a experimentar el proceso creativo e innovador de manera consciente, luego, adicionar un poco de Fe a la ecuación tal como lo menciona la Biblia.

Jesús les dijo:

—Porque ustedes tienen muy poca fe. Les aseguro que si tuvieran fe, aunque solo fuera del tamaño de una semilla de mostaza, le dirían a este cerro: "Quítate de aquí y vete a otro lugar", y el cerro se quitaría. Nada les sería imposible.

Mateo: 17- 20. "DHH"

Es decir, que si tenemos la Fe suficiente como un grano de mostaza, en perspectiva cuántica, podríamos hacer lo imposible. Me explico: un grano de mostaza está compuesto por partículas que son los átomos, indivisibles e inmutables, luego vienen las partículas subatómicas, (Cuarks) protones, neutrones y electrones. De modo que tu Fe, puede ser tan pequeña, pero a la vez, tan fuerte, lo suficiente como para mover una montaña entera. Increíble, ¡verdad!

Sin saberlo, ésta sencilla semilla de mostaza, nos enseña y nos representa de alguna manera el (Microuniverso) que puede albergar indiscutiblemente el "Bosón de Higgs" o **"Partícula de Dios"**. En ocasiones sin ser conscientes de dicho conocimiento hemos presenciado milagros y prodigios inexplicables en nuestras vidas; en más de una ocasión, Dios nos ha librado de situaciones imposibles en realidad, al parecer sin ser conscientes de lo que sucede, hemos experimentado en un entorno sobrenatural (El universo cuántico).

Así que, me he propuesto publicar algunos trabajos de investigación en relación a la creatividad y la Innovación de luz, en diferentes estilos para esclarecer algunos temas en relación. Por ahora, presento este libro: **"Instantes"** Pensamientos, poemas y reflexiones, que de una u otra manera nos acercan a la (*Poesía experimental*).

Sin embargo, al final he decidido dejar una sección dedicada a los autores clásicos para aquellos que desean recordar algunos de los poemas y textos bíblicos ¡maravillosos! que asombraron al mundo.

Hasta pronto y que Dios los bendiga.

La perfección es una pulida colección de errores

(Mario Benedetti)

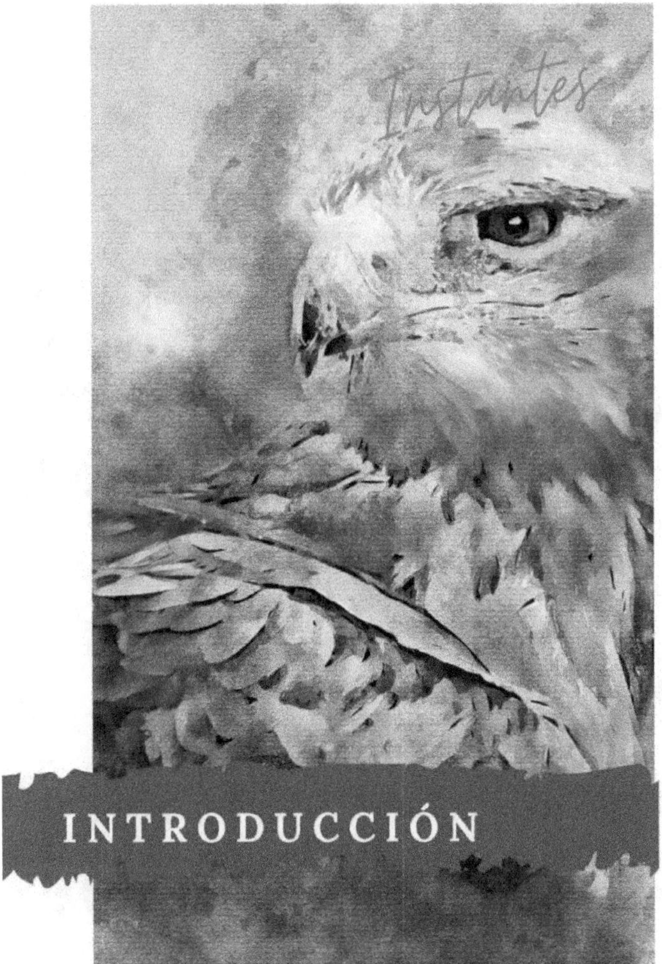
Instantes
INTRODUCCIÓN

Ceil
CREATIVIDAD
E INNOVACIÓN DE LUZ
EDITORIAL

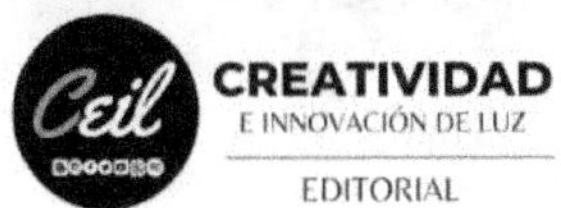

¿No es éste el carpintero, el hijo de María, y
hermano de Jacobo, José, Judas y Simón? ¿No
están sus hermanas aquí con nosotros?
Y se escandalizaban a causa de Él.

Marcos 6:3-6
Reina-Valera 1960

Introducción.

Hombre, hazte esencial: cuando el mundo pase, lo que es
del azar caerá; la esencia quedará

(Angelus Silesius)

Mi hija Sara Valentina me busco en mi cuarto de estudio. Fue insistente, llamándome, avisándome, quería enseñarme algo en internet. Un programa de la serie: "Victorious Temporada 1 Capitulo 2 (Parte 8)" En ese momento Tori Vega, (La Protagonista) debía presentar una obra de teatro: "El Monólogo del Pájaro" El Profesor, al finalizar la obra, junto con sus compañeros calificaría la actuación teatral. Al terminar, Tori preguntaría a la audiencia: "¿Entonces ya lo hice bien?" y el profesor muy tranquilamente en su lugar, respondería: No, aún no. Debía de nuevo repetir la obra otra vez.

Tori de nuevo se preparaba, se esforzaba y una vez más al finalizar la obra preguntaría: "¿Entonces ya lo hice bien?" Y el profesor, de nuevo, muy tranquilamente en su lugar, le respondería: -No, aún no. Había que repetirlo de nuevo. Así varias veces. De nuevo, Tori se esforzó, trabajo sin descanso y una vez más al finalizar la obra pregunto, "¿Entonces ya lo hice bien?" a lo que el profesor contestó: No, aún no. A diferencia de las veces anteriores el profesor le iba a decir algo, pero Tori lo interrumpió, Y les dijo: "Yo solo di lo mejor de mí por hacerlo bien, si escucharan atentos serían respetuosos, pero ¿Saben cuánto me esforcé para hacerlo? Yo…, arregle mi vestuario…, busqué en internet música de campo…, encontré la cacatúa adecuada y debí entrenarla para que saliera volando por la Ventana con la orden correcta. Sé que usted es un gran maestro del teatro, pero, le juro que no lo entiendo, la escena que hice hoy, es correcta…, y estoy orgullosa de ello, no me importa lo que crea, estoy orgullosa de mi trabajo"

El profesor finalmente le dijo: "Acabas de aprobar El Monólogo del Pájaro". Todos aplaudieron. El profesor dijo: El secreto del monólogo del pájaro, es hacer que el artista, tenga confianza en sus propias decisiones, sin importar lo que el mundo piense de nosotros, somos artistas y los artistas verdaderos no determinan el éxito basándose en la aprobación de los otros, el verdadero autor debe complacerse a él o a ella misma. Entonces las tres veces que lo hiciste estaba bien, la escena fue preciosa, el único error fue que preguntarás al final. "¿Entonces ya lo hice bien?" al dudar hacíamos que repitieras el acto una vez más".

En otras palabras, no hay razón de negarte a ti mismo cuando te has entregado con alma y corazón a tu obra.

Espero, y como lo dijo el escritor Franz Kafka: "Simplemente, no sobrestimar lo que he escrito; de otro modo se me volvería inalcanzable lo que aún espero escribir".

Es decir, en estos sencillos Pensamientos, Poemas y Reflexiones que escribí hace unos años atrás, te puedan servir y ser útiles en esos momentos en el que no entendemos, el porqué le ocurren cosas malas a las personas buenas. Espero que este trabajo sea de bendición en tu vida, como lo fue para mí en su momento al escribir todo lo que Dios me inspiraba hacer.

Hasta pronto.

"La poesía es tocar las fibras del corazón y hacer música con ellas."

Dennis Gabor

Instantes
POESÍA EXPERIMENTAL
CREATIVIDAD
E INNOVACIÓN DE LUZ
EDITORIAL

Sólo en Dios halla descanso mi alma;
de él viene mi salvación.

Salmo 62:1

Poesía experimental

El poder para crear un futuro mejor está contenido en el momento presente: Creas un buen futuro creando un buen presente.

(Eckhart Tolle)

La poesía experimental rompe los esquemas de lo tradicional y o académico. La poesía experimental no tiene orden cronológico y jerarquización. Simplemente exponen los sentimientos del autor sin prejuicios. El experimento, por así llamarlo del algún modo, incluye el riesgo y la osadía disruptiva con lo establecido. Existen varios tipos de Poesía Experimental: Poesía visual (Caligrama), Letrismo, Poesía Concreta, Poesía Fonética, Poesía Semiótica, Poesía conceptual, VideoPoesía, Poesía Cibernética, Tridimensional, entre otras.

Según el Poeta Pablo Neruda, en cuanto a la poesía tradicional, es conocerse asimismo, un camino hacia la percepción de nuevos detalles, nuevos mundos que la acompañarán por siempre. Para Antonio Machado "Es como la palabra esencial: inquietud, angustia, temor, resignación, esperanza, impaciencia contada con signos del tiempo y revelaciones del ser en la conciencia humana". Mario Benedetti dijo también: "Por más que la industria editorial considere la poesía como "La gran Cenicienta de la literatura", para él es "La verdadera alma del mundo".

Estoy de acuerdo con el Poeta Jaime Sabines: "La poesía es un medio de comunicación que no hay que consagrar, ni mucho menos; sin embargo la poesía es un conjunto de palabras que sirven para comunicarse y entenderse". Es decir, es el conjunto de emociones sentimientos y experiencias que al artista desea plasmar en versos, estrofas y prosa de la mejor forma posible.

> La poesía es un puente que tendemos entre dos soledades, entre la del lector y la del autor.

Jaime Sabines

Es difícil definir, la poesía en general, Pero si podemos identificar el resultado o producto final del artista. Es evidente que no se puede ser un, ***Poeta experimental***, sino no eres una persona creativa e innovadora, así que veamos algunos ejemplos.

La creatividad.

Según Ken Robinson, la educación actual en las escuelas **"Matan la creatividad"** Ken Robinson escribió un libro hace unos años: Escuelas Creativas. En el cual habla de diferentes aspectos con respecto a la creatividad y la innovación. El mundo hoy en día está lleno de incertidumbre y si lo pensamos bien, los niños que comienzan la escuela este año, se van a jubilar para el 2080. Nadie sabe en realidad cómo va a ser el mundo dentro de unos 5 años y más con los cambios en los que vivimos actualmente debido al cambio climático y las pandemias. La creatividad es tan importante en la educación como la alfabetización, y de hecho deberíamos darle el mismo estatus. Durante la conferencia Ken Robinson trata el tema con la siguiente historia: "Una niña en clase con tan solo 6 años de edad estaba dibujando en la parte de atrás del salón y la profesora contó que esta niña casi nunca prestaba atención, pero que en esta clase en particular de dibujo, la niña, si lo hacía. La profesora estaba fascinada y un día se acercó a ella y le pregunto ¿qué estás dibujando? la niña le respondió: - Estoy dibujando a Dios. La profesora le argumento: - Pero, nadie sabe cómo es Dios. –"Bueno, lo van a saber en unos minutos". ¡Increíble!, no lo creen. Ver en los niños, el poder de la Fe y la visualización es asombroso. Recordar que todos en algún momento fuimos así, no entusiasma.

Desafortunadamente con el paso de los años lo olvidamos. Los niños se arriesgan, si no saben, prueban, no tienen miedo a equivocarse, lo repiten una y otra vez, hasta lograrlo. Lo contrario sucede con los adultos. Hoy en día los temores invaden nuestra capacidad creativa e innovadora, ahora tenemos miedo a equivocarnos, y en algunas compañías hacen de las políticas y procedimientos algo monótono y aburrido. La educación muy pronto, deberá cambiar la forma de comunicar y de transmitir la información en todos los aspectos.

Sin darnos cuenta en algunas instituciones educativas en el mundo entero, están educando a los niños para que dejen de lado sus capacidades creativas e innovadoras, para ser únicamente objetivos. Pablo Picasso dijo alguna vez: *"Todos los niños nacen artistas, el problema es seguir siendo artistas al crecer"*

Desafortunadamente nuestra capacidad creativa al hacernos adultos, se desvanece con el paso del tiempo. El sistema educativo fue instruido en cubrir las necesidades de la industrialización y sin darnos cuenta, el sistema alejo a las futuras generaciones de sus habilidades intrínsecas, obligándoles a seguir patrones establecidos en el pensamiento.

Las consecuencias aún persisten y vemos en las universidades a miles de jóvenes estudiando lo que no desean hacer en sus vidas. Todo con el único propósito de satisfacer a un mundo materialista y egoísta. El mundo sigue avanzado, la cuarta revolución industrial lo cambiara todo en poco tiempo. Los títulos universitarios lentamente pierden su valor. Tenías un trabajo, ahora necesitas un posgrado, tienes un posgrado, ahora necesitas una maestría o un doctorado, y así sucesivamente es un proceso que ingeniosamente Ken Robinson le llamó **"Inflación académica"**.

Ahora más que nunca, debemos respaldar a las futuras generaciones y enseñarles a buscar su **elemento de autoridad,** que no es otra cosa que el don o capacidad creativa que Dios ha dado al ser humano, con el único propósito de cumplir con su misión aquí en la tierra.

Para esto necesitas desarrollar el pensamiento creativo e innovador en el oficio o labor que desempeñas en la actualidad. Por el bien de todos, debemos cambiar disruptivamente nuestra manera de pensar al respecto, de lo contrario, alejaremos sin causa justa a millones de jóvenes en alcanzar su máximo potencial.

Creatividad disruptiva

La "**Poesía experimental**" puede desarrollarse en cualquier ámbito que desees. Tú puedes ser una persona creativa e innovadora haciendo de tu trabajo algo extraordinario.

Es el caso de Mark Elliot Zuckerberg, programador y empresario estadounidense, uno de los creadores y fundadores de Facebook. Todos conocemos, por supuesto, su historia, pero veamos que Mark, jamás pensó en Facebook como una industria. Todo se dio como resultado de la búsqueda constante en el proceso creativo e innovador o, "Poesía experimental".

Solucionar un problema en la universidad, era el ideal, ¿Cuál podría hacer?, ¡Exacto!, (la comunicación), para Mark, le era muy difícil hacer amigos, tener novia, hacer fiestas, conversar y relacionarse con los demás. En ningún momento se pensó que junto con sus compañeros desarrollarían el código base y el Software que conectarían a todas las personas del mundo en tiempo real.

Por otro lado, tenemos al Sr. William Henry Gates III, mejor conocido como Bill Gates, empresario, informático y filántropo estadounidense, junto con Paul Allen, crearon la empresa Microsoft. Del mismo siendo muy jóvenes y trabajando con los equipos de la universidad, desarrollaron los inicios del sistema operativo "Microsoft Windows" que IBM instalaría en sus dispositivos en todo el mundo. ¿Solucionarían un problema?, ¡por supuesto que sí!, ¿en dónde? en la industria del hardware.

El proyecto consistía en vender una computadora a todo ser humano en el planeta, y de esa manera tener el monopolio de la industria en los sistemas operativos. "Microsoft Windows" sería la mejor en todo el mundo.

Luego vendría Steven Paul Jobs, más conocido como Steve Jobs, empresario y magnate de los negocios en el sector informático y de la industria del entretenimiento estadounidense. Fue cofundador y presidente ejecutivo de Apple y máximo accionista individual de The Walt Disney Company.

Steve se encargaría del diseño, la elegancia, la belleza y la simplicidad en sus productos. Se le conoce también como el "**Poeta del mundo de las computadoras**" una de sus frases célebres "Pensar de Forma Diferente".

Su pasión realmente no era hacer dinero, él deseaba que la música, los libros, el arte, la cultura en general estuvieran al alcance de todas las personas y disponible en cualquier momento.

Su nombre figura como autor de 346 patentes en el registro de EEUU. Macintosh: Tipografía en pantalla. Ratón: iMac (1998) +iPod (2001) +iPad (2010) y el iPhone, entre otros. Walter Isaacson, lo describe como un tweaker: "alguien que, más que inventar, se dedicaba a retocar, refinar dispositivos y tecnologías ya inventadas, con el objetivo de simplificar su uso". Un gran innovador, por supuesto.

Otro buen ejemplo la encontramos en (**La Academia Khan**), una organización educativa sin ánimo de lucro creada el 16 de septiembre de 2006, por Salman Khan, egresado del Instituto Tecnológico de Massachusetts y de la Universidad de Harvard.

Khan se inspiró en su primos que no podían hacer sus tares de matemáticas de manera eficiente, así que él (muy amablemente y desinteresadamente) creo una cuenta en internet.

Comenzó a grabar videos para la familia y solucionar problemas Matemáticos. Hoy en día Tiene el propósito de proporcionar educación gratuita de nivel mundial para cualquier persona, en cualquier lugar del mundo.

Fundo una organización de aprendizaje electrónico en línea gratuita, basada en donaciones. Cuenta con más de 4.300 vídeos, dirigidos a escolares de enseñanza primaria y secundaria sobre matemáticas, ciencias, biología, química, física, computación, humanidades, economía, finanzas e historia. Además de los vídeos instructivos, también ofrece ejercicios de práctica y un panel de aprendizaje personalizado. Ha sido traducido a 59 idiomas y este número sigue creciendo.

Por otra parte, nuestro buen ejemplo en Bogotá Colombia, John Freddy Vega, cofundador y presidente ejecutivo de Platzi. Una startup que ofrece clases en vivo de programación, diseño, marketing y negocios vía streaming.

Del mismo modo que los demás autodidactas de gran nivel, Freddy no terminó sus estudios universitarios, su mente, su alma y su corazón no le permitían estar encerrado en un aula universitaria observando detrás de la ventana como la vida se esfumaba.

Por lo contrario, Freddy Vega, se dedicó a estudiar disciplinalmente y con una memoria prodigiosa, creo junto con su compañero Christian Van Der Hens la plataforma online más efectiva para enseñar educación referente a los temas de tecnología e industrias 4.0 Platzi. Además es un influenciador prolifero en las redes sociales con millones de visitas en todo el mundo. ¿Notan lo que todos tienen en común?

No podíamos deja pasar esta gran oportunidad sin hablar de Lionel Andrés Messi Cuccittini, que ha experimentado igual que los demás, el mismo proceso. Leo, como le dicen sus amigos, es el mejor jugador de futbol del mundo. No solo rompe los esquemas en la cancha haciendo cosas insólitas y únicas cada tres días, lo ha hecho durante más de diez años. Leo, ha sabido reinventarse las veces que sea necesario: goles de media distancia, tiros libres, asistencias, goles directos al arco y en todas las formas posibles, ¿debido a?, ¡claro! (La capacidad creativa e innovadora) La velocidad y agilidad de Messi, le permiten pasar por todas las áreas del campo rival sin ser detenido.

Algunos dicen:

"Y porque no le hacen una falta, lo empujas, le pegas en la rodilla, cualquier cosa, y lo detienen. -¡No, no es posible!, y lo intentamos, pero aun así es mucho más rápido que nosotros, es imposible. -Dicen sus compañeros. Si tú giras a la izquierda él va a la derecha, si tú vas al frente él se detiene, si tú te detienes, él te hace un túnel y vuelve a correr, no sabemos qué hacer en realidad, es como si pudiera ver el futuro unos segundos adelante que nosotros, no lo podemos explicar.

Todo lo demás es historia y lo que ha conseguido hasta la fecha, 34 títulos como azulgrana y dos con Argentina nos muestra que ha sido el mejor jugador de la historia del futbol.

Todos ellos han hecho de la "**Poesía experimental**" el resultado de la creatividad y la Innovación, algo esencialmente sombroso. Tendríamos que hablar de todos aquellos que han experimentado también en su tiempo el proceso creativo e innovador rompiendo los límites al máximo, utilizando del algún modo la "Poesía experimental": Bach, Mozart, Beethoven, Da vinci, William Shakespeare, Miguel Ángel, los hermanos White, Isaac Newton, Michael Faraday, Tomas Édison y Albert Aisten, entre otros, pero que puedo decir, ustedes ya los conocen lo suficiente. Sin embargo deseo mencionar algunos casos en la biblia que experimentaron este proceso en el ámbito espiritual.

Poetas experimentales.

En la biblia podemos ver algunos hombres de Dios, que indiscutiblemente hicieron uso de sus habilidades creativas e innovadoras **"Poesía experimental"** Por supuesto, todos absolutamente han sido inspirados por Dios y han hecho posible los milagros bajo el poder del Espíritu Santo, sin duda alguna; pero existe un (Factor Wau, o Factor x) que todos tienen en común: **La creatividad y la Innovación de luz** como talento o capacidad intrínseca. Es el caso del Profeta Eliseo y la sunamita, luego que el profeta declarara que la mujer tendría un niño, aconteció que una tarde en el campo, el niño sufrió un dolor de cabeza insoportable donde notifico a su padre.

El padre le tomo en sus rodillas y el niño finalmente murió. Pudo ser un -isquemia cerebral-, debido al calor. Al parecer el profeta tenía un cuarto donde ocasionalmente se quedaba en casa de esta familia campesina, así que la madre muy angustiada solicito a su marido ir en busca del profeta Eliseo.

El profeta la vio de lejos e imagino que algo andaba mal, sin embargo Dios no le quiso decir que era lo que sucedía. Luego que ella le conto todo al profeta, él ordena Giezi que lleve el báculo y toque al niño, pero el niño no despertó.

El profeta entonces regresó a la casa de la mujer, entro al cuatro donde estaba el niño y cero la puerta, después oro al señor. Después subió y se tendió sobre el niño, poniendo su boca sobre la boca de él, y sus ojos sobre sus ojos, y sus manos sobre las manos suyas; así se tendió sobre él, y el cuerpo del niño entró en calor. Volviéndose luego, se paseó por la casa a una y otra parte, y después subió, y se tendió sobre él nuevamente, y el niño estornudó siete veces, y abrió sus ojos. Entonces llamó él a Giezi, y le dijo: Llama a esta sunamita. Y él la llamó. Y entrando ella, él le dijo: Toma tu hijo. Y así que ella entró, se echó a sus pies, y se inclinó a tierra; y después tomó a su hijo, y salió.

2 Reyes 4.8-37 Reina – Valera (1960)

En este mismo capítulo también encontramos que el profeta había multiplicado el aceite en las tinajas de aquella viuda que no tenía nada que comer. Del mismo modo, con tan solo unos pocos panes que tenían los trabajadores había alimentado a más de 100 hombres donde la comida incluso sobró.

Podemos ver que estos milagros son obra de Dios, pero son posibles gracias a la capacidad creativa e innovadora en las personas, y esto sólo es posible **experimentando el proceso** que hace parte del propósito individual de cada uno de ellos.

Recuerdan al general del ejército del rey de Siria, llamado Namán, era un hombre muy importante, pero le fue necesario ir a ver al profeta de Dios y experimentar el proceso creativo. Siete veces fueron suficientes para quedar totalmente sano, el número (7) símbolo de la perfección, pero sobre toda la clave está en la obediencia a Dios definitivamente. No interesa lo que Dios nos indique hacer, en ocasiones parecerá algo absurdo o irracional, pero es ahí donde se encuentra el misterio, deberás obedecer la perfecta voluntad de Dios para que todo te salga bien. Asi que por un lado podemos ver la actitud del profeta, si esto no funciona, intentará otra cosa pero nunca se dará por vencido hasta obtener un resultado final, la persona creativa busca de todos modos solucionar el problema. Un profeta jamás renuncia. Y por otra parte está el no dudar de la capacidad creativa que Dios ha dado a cada uno, y sin reproche.

Jacob y el poder de la observación.

Otro caso podemos ver es la vida del patriarca Jacob. Todo se inicia con la siguiente disputa:

— ¿Cuánto quieres que te pague? —insistió Labán. — No me pagues nada —respondió Jacob—. Volveré a cuidar tus ovejas, si aceptas lo que te voy a proponer: déjame pasar hoy por entre tu rebaño, para apartar todos los corderitos negros y todos los cabritos manchados y moteados. Ellos serán mi salario. Así, cuando más adelante vengas a ver lo que he ganado, tendrás la prueba de mi honradez: pues si en mi rebaño hay cabras que no sean manchadas o moteadas, o corderos que no sean negros, será que te los he robado.

—Está bien, acepto lo que propones —dijo Labán. Pero ese mismo día Labán apartó todos los chivos rayados y moteados, y todas las cabras manchadas y moteadas o que tenían algo blanco, y todos los corderos negros, y se los dio a sus hijos para que los cuidaran. Luego se fue con este rebaño del lugar donde estaba Jacob, a una distancia de tres días de camino. Jacob, por su parte, siguió cuidando las otras ovejas de Labán. Cortó ramas verdes de álamo, almendro y castaño, y las peló para que se pudieran ver rayas blancas; luego puso las varas, ya peladas, frente a los rebaños, en el lugar donde tomaban agua.

Allí era donde los machos se unían con las hembras, y como lo hacían delante de las varas, sus crías nacían rayadas, manchadas y moteadas.

Entonces Jacob las apartaba y las ponía frente a los animales rayados y negros del rebaño de Labán.

Así Jacob fue formando su propio rebaño, separándolo del rebaño de Labán. Cada vez que los animales más gordos se unían para tener crías, Jacob ponía las varas en el lugar donde tomaban agua, de manera que pudieran ver las varas en el momento de unirse; pero cuando venían los animales más flacos, no ponía las varas. Por eso los animales más flacos eran para Labán, y los más gordos eran para Jacob. De esa manera Jacob se hizo muy rico y llegó a tener muchas ovejas, esclavos, esclavas, camellos y asnos.

Génesis: 30. 31-43 DHH

Podemos ver que Jacob uso la capacidad creativa e innovadora en éste trabajo en específico, aparte del sueño que lo inspiro y le guio, utilizo el poder de **la observación**, clave en la poesía experimental. Fueron muchos años de prueba y error para adquirir dicho conocimiento: dominó la técnica, el tiempo, los animales, y sobre todo investigo en cuanto a lo relacionado con el nacimiento de las crías y las circunstancias especiales que en estos casos se pudieran dar para obtener el resultado creativo. **La experimentación** en el proceso creativo e innovador es la evidencia en el resultado final.

José y la interpretación

Por otro lado tenemos a José que de pequeño desarrollo habilidades únicas y según lo que podemos ver, el propósito de mayordomía en él, estaba claro y definido mucho antes de su nacimiento. Interpretar los sueños simplemente era una de las tantas capacidades que el joven israelí poseía de ante mano, que asimismo, abrirían las puertas en el reino de Egipto.

José pudo prever el liderazgo en su vida, con tan solo pensar, meditar y observar cómo era que Dios se comunicaba con el hombre, le dio una ventaja significativa ante las demás personas. Por otra parte el faraón tuvo el sueño de la tragedia que vendría sobre la faz de la tierra.

Dios le mostro el sueño a faraón, y no a Jose, de lo contrario nadie le hubiese creído de lo que acontecería al mundo en esos 7 años de ambruna total. José es otro de nuestros Poetas experimentales de luz, donde con el paso del tiempo debió estudiar muchísimo acerca de estos temas, conocer muy bien el significado de todas las cosas, el universo, la luz, los colores, la agricultura, la ganadería, el tiempo, la historia de sus antepasados y por supuesto conocer muy bien de antemano uno de los pasos necesarios e importantes en los procesos creativos: **las posibilidades**.

Dios guiándolo en todo momento usando su talento y capacidad creativa sin duda alguna, para salir adelante en cada una de las situaciones que la vida le deparaba.

Entonces, José le contestó al faraón:

—Los dos sueños que tuvo su Majestad, son uno solo. Dios le ha anunciado a usted lo que él va a hacer.

Las siete vacas hermosas son siete años, lo mismo que las siete espigas hermosas. Es el mismo sueño. Las siete vacas flacas y feas que salieron detrás de las otras, también son siete años; lo mismo que las siete espigas secas y quemadas por el viento del este. Éstos serán siete años de escasez. Es tal como se lo he dicho: Dios le ha anunciado a Su Majestad lo que él va a hacer.

Van a venir siete años de mucha abundancia en todo Egipto, y después vendrán siete años de gran escasez. Nadie se acordará de la abundancia que hubo en Egipto, porque la escasez arruinará al país. Será tan grande la escasez, que no quedarán señales de la abundancia que antes hubo. Su Majestad tuvo el mismo sueño dos veces, porque Dios está decidido a hacer esto, y lo va a hacer muy pronto.

Génesis 41.25 .31 DHH

El cinto podrido, y la tinaja de vino

Otro caso, es el caso del Profeta Jeremías. Toma el cinto que compraste, que está sobre tus lomos, y levántate y vete al Éufrates, y escóndelo allá en la hendidura de una peña.

Fui, pues, y lo escondí junto al Éufrates, como Jehová me mandó. Y sucedió que después de muchos días me dijo Jehová: Levántate y vete al Éufrates, y toma de allí el cinto que te mandé esconder allá. Entonces fui al Éufrates, y cavé, y tomé el cinto del lugar donde lo había escondido; y he aquí que el cinto se había podrido; para ninguna cosa era bueno. Y vino a mí palabra de Jehová, diciendo: Así ha dicho Jehová: Así haré podrir la soberbia de Judá, y la mucha soberbia de Jerusalén.

Jeremías 13.4-9 DHH

Les dirás, pues, esta palabra: Así ha dicho Jehová, Dios de Israel: Toda tinaja se llenará de vino. Y ellos te dirán: ¿No sabemos que toda tinaja se llenará de vino? Entonces les dirás: Así ha dicho Jehová: He aquí que yo lleno de embriaguez a todos los moradores de esta tierra, y a los reyes de la estirpe de David que se sientan sobre su trono, a los sacerdotes y profetas, y a todos los moradores de Jerusalén; y los quebrantaré el uno contra el otro, los padres con los hijos igualmente, dice Jehová; no perdonaré, ni tendré piedad ni misericordia, para no destruirlos.

Jeremías 13.13-13 DHH

Jeremías e igual que los demás ha desarrollado activamente la capacidad creativa e innovadora de luz, de hecho, todos los profetas deben experimentar el proceso creativo indiscutiblemente a lo largo de su vida. Un poeta experimental debe hacer uso de todos los elementos que estén a su alcance. Uno de los pasos en este proceso es (la incubación de las ideas), fundamental para escoger el mejor camino en las innovación. En este caso el cinto o, (Cinturón) es símbolo de seguridad y autoridad. El cinto sujeta la pieza fundamental del vestido o pantalón que protege la parte intima de las personas. Así que es señal de autoridad en muchos aspectos, si lo analizas bien, verás otros aspectos a resaltar. Por otra parte el vino que representa confianza placer y seguridad del porvenir, nos indica el estado de confort de los reyes. En este caso la autoridad y la confianza que Judá disfrutaba sobre las demás naciones de la tierra era indiscutible. Por errar al blanco, (Pecado) Dios determinó las consecuencias inevitables que tendrían que soportar. Después de esto desafortunadamente la Nación de Judá es llevada en cautiverio a babilonia.

Esta es tu suerte, la porción que yo he medido para ti, dice Jehová, porque te olvidaste de mí y confiaste en la mentira. Yo, pues, descubriré también tus faldas delante de tu rostro, y se manifestará tu ignominia.

Jeremías 13-25-26 DHH

En conclusión, tenemos muchísimos casos en la biblia donde la creatividad y la Innovación hacen parte de los procesos que hombres y mujeres de Dios deben experimentar a lo largo del camino. Abraham por ejemplo, debió ingeniar la forma de llevar a su esposa como hermana a Egipto. Moisés y el conocimiento absoluto de los tres desiertos y de las tribus nómadas del medio oriente. Tanto así que el pueblo de Israel es posible que hayan ido a vivir realmente a (Arabia Saudita) como lo menciona la biblia:

Porque Agar es el monte Sinaí en Arabia, y corresponde a la Jerusalén actual, pues ésta, junto con sus hijos, está en esclavitud.

Gálatas 4.25 Reina – Valera (1960)

Al parecer el verdadero Sinaí está ubicado en un viejo volcán. En su momento, debió estar activo, es por eso que leemos en las escrituras acerca del monte que de su interior, el sonido de su voz parecía sonido de ejércitos de guerra.

Todo el monte Sinaí humeaba, porque Jehová había descendido sobre él en fuego; y el humo subía como el humo de un horno, y todo el monte se estremecía en gran manera

Éxodo 19:18-23:3 Reina-Valera 1960.

El trueno volcánico es un sonido provocado por los rayos generados dentro de las nubes de ceniza, un ruido difícil de capturar porque se suele camuflar entre los estruendos y estallidos que acompañan las erupciones volcánicas. Recordemos también al profeta Elías y el altar dónde descendió fuego de lo alto que consumió hasta las zanjas y el altar completo. David y las cinco piedras lisas del arroyo que aturdieron al gigante de los filisteos. David sabía bien de estas piedras afiladas por el tiempo y tan rápidas que parecían puntas de lanza, luego con el arma de guerra de "Goliat" le quito la cabeza al enemigo de Israel.

Nehemías y la reconstrucción del templo. Tener la valentía de hablar con Artajerjes Rey de los persas, no es algo sencillo de hacer. Un Rey nada creyente en realidad. ¿Lo recuerdan?, el enemigo fatal de Leónidas en la película (300). Al final solo un rasguño en el rostro se le puedo causar a corta distancia. Pero en la segunda parte, no se preocupen, cae y es destruido por el imperio (Griego), lo relata la Historia.

Y qué decir de los profetas: Daniel, Isaías, Exequiel, hasta Jesús máximo exponente en los procesos creativos e innovadores de luz, y podríamos mencionarlos a todos, incluso el apóstol Pablo, un virtuoso en todos los aspectos artísticos, Pero, que puedo decir, ya ustedes los conocen bien y definitivamente esto sería tema de otro libro.

Para finalizar, antes que la Fe capaz de mover montañas enteras, existe **el proceso creativo e innovador**, capacidad intrínseca que reside en cada uno de nosotros que hace de tus oficios un arte sin duda alguna al que le llamamos: **Poesía experimental.**

Conclusión

Para sintetizar como ya lo mencionamos anteriormente, es difícil definir el concepto, sin embargo el Poeta Experimental sin prejuicios expresará su trabajo de la mejor forma posible, siempre y cuando tenga la tenga libertad de hacerlo. De este modo se podrá evidenciar el resultado o producto final. Desarrollar la capacidad creativa e innovadora de luz que reside en cada una de las personas, es relevante y necesario, para así poder expresar en su elemento de autoridad, su máximo potencial de forma natural. En este orden de ideas, las palabras en un futuro serán obsoletas, de alguna manera, el ser humano derribará la cuarta pared, y entonces…

El amor nunca deja de ser; pero las profecías se acabarán, y cesarán las lenguas, y la ciencia acabará. Porque en parte conocemos, y en parte profetizamos; más cuando venga lo perfecto, entonces lo que es en parte se acabará.

1 Corintios 13:8

Por ahora, Dios es el único que sabe que sucederá en un futuro próximo. En mi caso presento éste libro, que a lo mejor, e un **instante de luz,** puede llegar a ser útil en algún momento de la vida. Dios es fiel y justo en asegurar un buen porvenir para toda la humanidad, a nosotros nos corresponde simplemente hacer nuestra parte.

Dios los bendiga.

CREATIVIDAD
E INNOVACIÓN DE LUZ

Ceil

EDITORIAL

Si por la noche lloras por no ver el sol, las lágrimas
te impedirán ver las estrellas.

(Tagore)

Si tienes que pasar por el agua, yo estaré contigo,
si tienes que cruzar ríos, no te ahogarás; si tienes
que pasar por el fuego, no te quemarás, las llamas
no arderán en ti.

Isaías 43:2

PRIMERA PARTE

¿De qué sirve?

De qué sirve escribir
los versos del poeta
si están al revés.
Poemas entrelazados
raros y anómalos
estrofas y rimas
arte menor, arte mayor
métricas y sinalefas
hemistiquios
tetrasílabo y octosílabos
sinéresis
surcos, bucles y clichés
elementos sin fin.

¿De qué sirve?

Prefiero ser explicito, discreto y natural
pero acercarme a ti en realidad.
Elijo escoger palabras humildes
y sinceras, que en verdad intenten
trasformar tu corazón, mi corazón
que sufre, que llora y se alegra
y que a pesar de mil batallas heridas y tristezas
sin duda anhela, vivir en un mundo mejor.

Amigos

Se disipan las palabras,
como hojas en el viento
no encuentro el camino, de tus ojos
verdes, negros, claros.

Solías decir,
un café y nada más
un buen vino esta vez
no te niegues y te vas;
sin embargo al anochecer
la primavera se nos va.

El ruido de la gente,
se escucha al pasar
los amigos son inciertos,
el aire no huele igual.

El tiempo se ha alejado,
dejando huellas en la mar.
Es sorpresa tu llegada,
es el colmo, ni una llamada;
sin embargo en mis recuerdos
tu amistad está grabada.

No esperes una carta,
en mi ausencia casi eterna
espera mi llegada
en el tiempo que no quieras.

Un mensaje sin palabras,
te deseo lo mejor
y lo más bellos momentos
que vivimos tú y yo.

Sin pena y sufrimientos,
ya vendrán nuevos momentos
donde el sol en las tardes
tu sonrisa, él resguarde.

Tu recuerdo en mi memoria
permanece en mí ser,
trozos de pequeñas llamas,
que se aparecen, que perduran
mi sincera oración
por tu vida y galardón.

Jerusalén

En el Gólgota Jesús observa,
la ciudad desfigurada, herida, desierta
antes de mediodía, el sol en lo alto ilumina
las colinas, y el templo
los ríos, y el océano.

Las conciencias se incineran
sublimes e imponentes
12 puertas, y un reino.
En el puerto un efod de oro resplandece
dando la bienvenida a los viajeros y a sus muertos.
las personas han llegado,
y se escuchan bien los pasos
el olor de lirios frescos
el aroma de los Prados.
Su fragancia les recuerda
Las historias, las derrotas.

La tormenta a la distancia,
es la brisa que te alcanza
Galilea, Judea y Samaria
maravillosos y buenos recuerdos;
milagros y prodigios, escritos y pergaminos
ciudades y reinos, templos vacíos.

La soledad se interrumpe,
por un hombre
que es espanto
riendo a carcajadas
en los pies de aquel Santo.

2

La vida que se aleja,
se asfixia, se esfuma
traidores y malhechores
lobos y un rebaño;
buitres perturbados
demonios disfrazados.

¿Madre mía estás ahí?,
te escucho en la multitud
vienen a la memoria
recuerdos del ayer.
Tus caricias y tus besos,
abrigaron en mi ser
pequeñas cosas, grandes obras
riquezas, tesoros en la arena.

La melodía de tu voz
alegra mi corazón.
Sé que estás ahí, entre la multitud
yo te siento, ven acércate
ven y calma mi sufrimiento.
Tengo demasiada sed: de perdón
de amor, de justicia y compasión.

Límpiame la sangre,
que como barro se incrustó
en mi ojos desgastados
de tanto ver, de tanto llorar
de tanto pensar, la impiedad.

Escucho a la distancia, los niños reír,
no pierdas la esperanza, la fe y un por qué.
Cree en Dios y en aquel, que dio su vida y su ser.

El verdadero amor, jamás se desvanece,
nunca desaparece, no se evapora, mucho menos
se ahoga.

3

Tú defines bien los sueños,
tú defiendes mi aliento,
la hora ha llegado
se acerca el momento.

Iniciare un largo viaje,
tres mil años nada más
descenderé a las profundidades,
del infierno y del hades.

Tengo listo mi equipaje
las llaves del reino
mi armadura es de luz
mi corona es de Rey.

¡Regresaré!, ¡Muy pronto!
Aguarda el momento,
al caer la tarde
espera aquel tiempo.

Deshaces.

Expones la mentira y derribas el dolor,
arruinas la avaricia, el orgullo y el desamor.

En el aroma del perfumista
esparces sin premura, la fragancia del perdón.
Revelas los misterios, el sonido,
el dulce de tu voz.

Secretos inquietantes,
que ahogan el ruido entre los dos
acércate hacia mí, y procura atravesar
el espeso umbral, que no te deja avanzar.

Comprueba el azul, allí inicia y termina el dolor.
Destierra el odio de tu ser y conquista con anhelo tú
corazón.
Libérate del sufrimiento, libérate de estrés,
de la raíz de amargura
y de aquellos que intentan destruir la sencillez.

Es tu sed y de nadie más,
ideas abstractas en el huerto de la creatividad
semillas de Fe, frutos de valor.
con ímpetu, un gran galardón

visita el árbol de la vida y riega allí tu existir
esfuérzate y se valiente, persevera hasta el fin.

3

Criaturas de luz que se marchitan
destellos aparentemente insignificantes,
sucesos inolvidables, desaparecen.

Constantes, siguen a tu lado
siguen a mi lado
uno tras otro
tus sueños de luz.

Resplandece y colisiona,
universo lejano
se crea una explosión
invisible a tu ser
visible para Dios

Se inquieta la montaña
de tu inmenso corazón
eres fuerte y valiente
sigues aquí: latente.

Esplendor

Una luz que regresa.
El resplandor en lo alto irradia
el abismo.
No es un precipicio
es un pasadizo.
Lúgubre
debajo permanece.

Dios brilla en tus noches más oscuras
Dios ilumina el gran océano que hay en ti,
los tres desiertos
los cuatro reinos,
la tempestad viene en calma
las dunas sobresalen
apenas duermen
difícilmente sueñan, sonríen, aman,
crean, e inventan.

Enciende el fuego que disipa la oscuridad,
de aquí y de allá, se desvía la eternidad.
Enciende la pequeña flama
que no se apaga, que no se cansa.

Enciende el faro de luz en altamar,
en el horizonte un amigo, agita la luz de la esperanza,
de ningún modo se extingue, de ningún modo se apaga
el amor jamás se sofoca.

¿Ves la luz de la aurora?
 va de aumento hasta que el día es perfecto.
¿Por qué has de temer?,
vas por un buen camino.

Sigue el sendero de la justicia y del perdón
Asi abra paz.
La razón sigue el curso,
sin comprensión.
El fuego es un océano en llamas,
irascible.
No lo puedes, sofocar.
¡Resplandece!
Porque hoy, la gloria de Jesús
ha venido sobre Ti.

Emisión.

Comprendí tu fragilidad,
cuando percibí la fuerza del verdadero amor,
que inestable aparente
fuente ha de ser.

La oscuridad ausente de tu luz,
las tinieblas fingen no estar ahí
permanecen detrás de la pared
se esconden.

Recónditos lugares,
en soledad permanecen
esperando seguir, anhelando entrar
¿cuánto tiempo más lo harán?
vigilantes, observan, no se marcharán,
¿Necesitas luz?, Llámalo y ÉL vendrá

Fulgor

Muros que se abaten, diálogos que florecen,
se remontan las palabras, en la difícil montaña.
El ego en las alturas,
donde el aire se agota
de cualquier modo, se expresa mi alma.
Dios te ha de escuchar,
Él te contestara.
¿Quieres huir?, nunca lo harás.
Remueve las piedras,
y debajo, en las cuevas
agita un océano, en el mar de las ideas.
Escóndete si es preciso,
ocúltate en la arena
y en un mar de confusión
y en lo profundo
y en los ríos más obscuros
y aun en los confines del mundo
Él te descubrirá.
Él es tú refugio, Él es tu esperanza.
Él jamás te abandona,
El jamás renuncia.

Luz y tú

Sin tu luz, el universo entero dejó de existir.
Todo es un mar profundo cubierto de lobreguez.
Tú palabra crea y sostiene la ecuación.
La formula perfecta.
Tú, el que habita la luz.
Ausente de nuestros ojos, pero cercano a nuestro ser.
Tu hálito que viene y va,
como un niño impetuoso,
orquestando los sueños en altamar.

Cercanos al sol
la luna y la tierra se contemplan.
Todo lo haces perfecto
no hay palabras para describir
el rostro de tu amanecer.

Todo lo que haces tiene un propósito
todo tiene una razón de ser.
El día y la noche, la luz y la oscuridad.
El cielo y la tierra, el niño, el joven y el mar.
El adulto y el anciano.
Tú y yo, todo tiene un por qué y un para qué.

El que desconoce la verdad es un ignorante; pero el que la conoce y la desmiente, es un criminal

(Bertolt Brecht)

CEIL **CREATIVIDAD**
E INNOVACIÓN DE LUZ
EDITORIAL

No dejes de creer que las palabras y las poesías sí
pueden cambiar el mundo

(Walt Whitman)

No niegues la ayuda a quien la necesite, siempre
que esté en tus manos darla.

Proverbios

SEGUNDA PARTE
Esencia

Tu alma es inmortal
sigue aquí, constante
bajo la piel, disputa sin fin.

Batallas perpetuas,
tinieblas, que se evaporan
mundos que se desboronan
sombras de un pasado
noches de pánico.

Caminos desangrados,
recorridos alargados
senderos obtusos
horizontes lejanos.

Eclipsantes recuerdos,
siempre al despertar
iluminando los valles
escenarios indivisibles
sucesos inolvidables
ruinas en Edén
edificios que se hunden
lo que es y no fue
su esencia, permanecerá.

La Cruz

Aquel que espero solitario en un madero,
cuyas manos forjaron el universo entero,
se fijaron en ti .
Aquel que sin dudar dijo en un instante:
"Esperare por ti, por ti, una eternidad"
La cruz, simplemente la cruz,
un lugar sencillo donde reside el principio del fin.
Esperanza fe y amor, sin él, el mundo jamás existió.
La cruz, simplemente la cruz, que con determinación
soportó la consternación.
La cruz, simplemente la cruz, donde las almas gritaron:
"¡He aquí, el salvador!

¡Sálvanos!

La cruz, simplemente la cruz, que sin presunciones,
contempló la reconciliación.
La cruz, simplemente la cruz,
suficiente para librar al mundo del castigo atroz.
La sombra de tu imagen, jamás se borrará
el recuerdo de tu venida, es nuestra libertad.
Mi mente espíritu y ser, anhelan
permanecer en tu red.

Gratitud:

Mil veces y una más, fidelidad.
Justo en aquella cruz, mi vida cambió.

Muerte inaudible ¡Espíritu y profecía!
¡Jesús! el tesoro más precioso,
más que un reino sin fin.

La fama y el poder, nada se compara con ÈL.
Comprender quién es Jesús, es entender lo
inconmensurable, socorro imperecedero, auxilios de
amor.
Conocer a Jesús es todo un honor.

El mensaje.

Si no tienes un mensaje, ve y búscalo, conéctalo, adhiérelo
a tu esencia, intégralo a tu ser, que trascienda tu misma
existencia.
Y, si no lo sabes: Indaga, golpea, pregunta, cava con tus
propias manos, incluso en la tierra y en las rocas.
No te detengas.
No te desanimes.
Encuentra el mensaje, aún si te faltara el mismo aliento.
Escudriña, se sabio, y sólo así vivirás.
Encuentra tu elemento y fluirás como el viento.
¿Deseas brillar? Espera, se paciente, algún día el mundo
lo sabrá.
Pregúntale a DIOS y Él te lo concederá.

Tu gloria.

Muéstrame tu gloria, y la excelsitud de tu amor.
¡Háblame! Y allí yo iré.
Muéstrame tu rostro y te seguiré aun a los confines del mundo.
Quiero saber de ti y no pretender fingir.
Quiero saber de ti, de tus juicios, de tus batallas, oh mí Rey.
Persigo tus victorias, y no pretendo justificar mis derrotas.
Persigo tus sueños para entender el reino.
Persigo tu aliento, para comprender el espíritu.
Persigo tu corazón, para entender tu devoción.
Persigo tu respirar, para poder vivir en santidad.

Redención

Tú me enseñas que es el amor.
Tú me enseñaste el camino de la oración, ser constante y
no renunciar.
No hay variación alguna, en lo que haces y dices, eres la
verdad.
Eres autentico, eres real.
Tu armadura es de grafeno puro.
Extiendes tu mano.
No me abandones.

¿He caído en el abismo de mi ignorancia?
¿Soy un mar de equivocaciones? ¿Qué debo hacer?
Escudo protector.
¡Sálvame!

El raudal

¿Dime en dónde estás, y en dónde te puedo hallar?

¿Dime en dónde estás, y en dónde está el mar de cristal?,

¿Dime en dónde estás, y en dónde te puedo hallar?

¿Qué esconden en su interior, los metales preciosos, el oro, la plata y las piedras preciosas?

¿Qué esconden en su interior, los Cofres, arcas, baúles y bargueños, cajones y recipientes de cristal?

¿Dime, en dónde debo buscar y en dónde te puedo hallar?

¿En las colinas o, en los desfiladeros?, ¿Quizás en algún desierto? ¿En los peñascos y debajo de los barrancos?

¿En los Acantilados, en las cuevas y riberas del océano?

¿Dime, en dónde debo buscar y en dónde te puedo hallar?

¿En las montañas y detrás de las cascadas?, ¿En las costas secretas o debajo de un galeón perdido quizás en un barco hundido? ¿Dime, en Dónde debo buscar? ¿En los Imposibles abismos y en las profundidades del mar? ¿Dime en donde debo buscar, y sin descanso, buscaré hasta encontrarlo?

Espectros.

   Los recuerdos, el pasado, destellos, intervalos, hacen daño, sí, mucho daño y traen dolor, sufrimiento, angustia y desilusión. Aun no comprendo.
Fantasmas en la oscuridad.
Han pasado los años, demasiado, y sus huellas tan difusas en las arenas del tiempo.
Te has perdonado mil veces, y mil veces te has confundido, sigue el dolor, ¿por qué, sigue el sufrimiento?

El Salmista

El Salmista es aquel hombre que escucha la voz de DIOS. El Salmista es en todo tiempo y en cada ocasión. Ha nacido para ver la gloria de DIOS, y ha de morir haciéndolo.

Cree incuestionablemente lo que DIOS habla y el anhelo es ser amigo de DIOS. El Salmista ministra al pueblo, él es un puente de tres reinos. Sabe que del paraíso como lluvia, el roció; y, el aceite esparcido. El Salmista sabe que DIOS es fiel a su palabra, y a sus promesas de redención.

Toma aquel manto que desciende de lo alto, lo rasga en su pecho, y lo une al fuego. Luego, las cenizas de luz, las adhiere a su corazón, y de nuevo se las entrega al Señor.

Conserva las manos vacías, para recibir el vino nuevo. Instantes de luz. Cae de rodillas y se hace a un lado. Muere en cada momento. El Salmista es un director, y es aquel que abre el telón, para que la gloria de DIOS descienda.

Él sabe cómo acercarse al lugar Santo, Santísimo; lo hace con amor, respeto y gran admiración.
Observa sus manos que brillan en la oscuridad. Suspende la vista.

El Salmista descifra la verdad, afina los instrumentos, escoge la pluma, la tinta, y el acorde perfecto.

Elige a las personas que serán los escuderos. Es un enamorado y un apasionado. El Salmista clama como si su vida dependiera de ello. Y es que su vida depende de eso. Lo sabe bien y sonríe de nuevo.

Sinfonía

Ángeles, maravillas y prodigios,
Un santuario.
Libertad al desesperado.
No se puede juzgar en las profundidades de lo obvio.
En las tierras del olvido; Dios es el sostén de las almas.
Su insignia, su escudo.
La felicidad excede los límites.
Un reino distinto, un reino sobrenatural.
En el unísono de la melodía extravagante, el firmamento
anuncia su voz.

No olvides que lo que llamamos hoy realidad fue imaginación ayer."

José Saramago

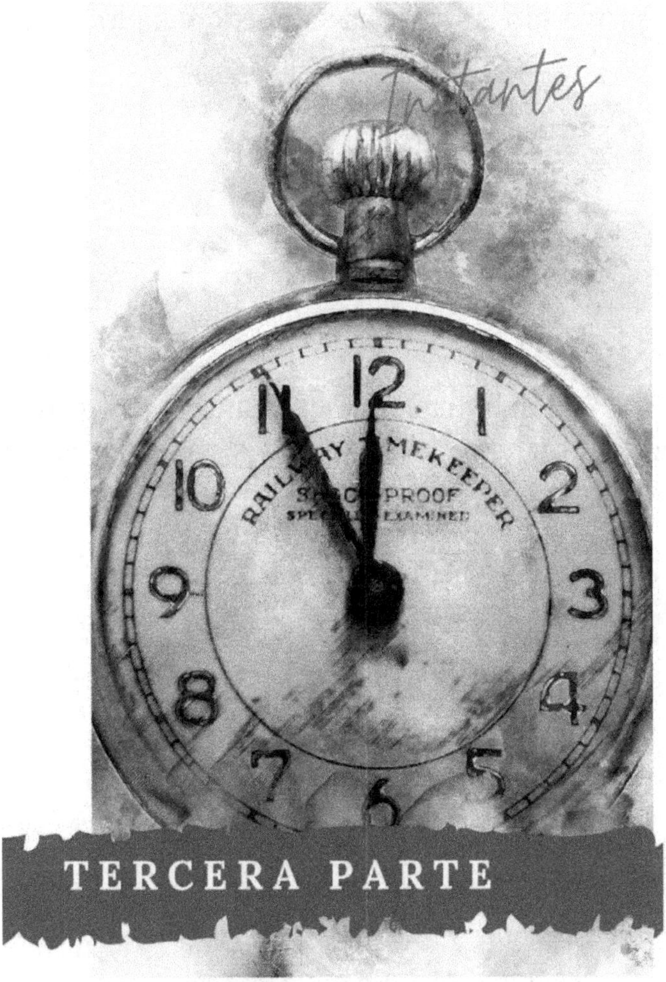
Instantes
TERCERA PARTE

Ceil
CREATIVIDAD
E INNOVACIÓN DE LUZ
EDITORIAL

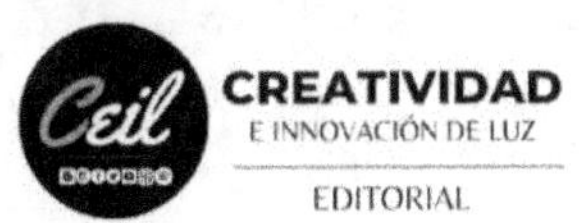

Nada es real hasta que se experimenta, aún un proverbio no lo es hasta que la vida lo haya ilustrado

(John Keats)

El corazón humano genera muchos proyectos, pero al final prevalecen los designios del Señor.

Proverbios 19:21

TERCERA PARTE
A tiempo

El tiempo materia viviente,
La luna, tu reflejo.
El tiempo se estira en un retrato difuso
¿Dejarás de existir?
Yo, el tiempo, no te comprendo.

El tiempo, recurso no renovable
El tiempo, para aquellos que conservan
La salud.
El destino nos hace guiños,
Y el tiempo sonríe.
Nosotros cambiamos y ya nada es igual.

El odio y el amor.
La suerte y la causalidad, el amor prevalece.
El amigo leal, sí que se distingue.
Es mejor que el enfrentamiento finalice.
Es mejor que haya paz.
De aquí o de allá,
Es mejor tú amistad.

El tiempo,
sacrificio agonizante
un día, ¿dejaras de ser?.

Instantes.

El silencio es la base del sonido y,
¿Qué es el sonido?
sino aquel que entona
la canción desde el principio
la melodía perfecta
la sinfonía del amor.

Se vislumbra el silencio,
se mezcla en quietud
instantes de estima
sobrepasan la razón.

Notas y acordes
sueños y anhelos
alegrías eternas
instantes de luz
bellos momentos,
tiempo real.

Confusión

Es el dolor que no tiene explicación. Ira, angustia y confusión. Si tan sólo Jesús hubieses estado aquí. ¿Dime? ¿Por qué no enviaste a Gabriel, Miguel o Rafael? Si tan solo hubieses estado aquí. La sombra de alguno de tus Profetas: Moisés, Elías Nehemías.

Sigo arrodillado queriendo morir, en soledad y en esta tierra de hombres y misterios.

Mi mente no puede soportar millones de preguntas a la vez. Dijiste que la unción rompe los yugos de iniquidad y tu presencia trae libertad.

Si tan sólo Jesús hubieses estado aquí.

No puedo impedir que tu alma deje mi mundo. Desearía hablar, desearía gritar, desearía ir al hades y decir: ¡Devuélveme a mi amado!

No puedo fingir que todo está bien. Dejar todo atrás. Y seguir adelante. Como un sueño que desapareció. Sigo en ésta estación, insoportable en realidad.

No tengo tiquetes para este largo viaje. Unido al pavimento.

Deseo enterrar mi dolor en lo profundo del mar y debajo del núcleo de la Tierra, así podré escapar.

Si tan solo pudiera decir una cosa y nada más. Ver tu rostro, tan sólo una vez más. Dios, Tú eres real, eres la puerta, déjame pasar. Escucho a los Ángeles, ahí, están, a unos pasos. Jesús está a tu lado. Siempre estuvo a tu lado. Yo sólo soy un ciego en un universo de luz. Se disipan las flamas en el retrato hostil de ésta soledad. Los vientos cambian. Y ahora lo comprendo.

El silencio

Deseo escuchar el sonido de tu voz,
el sonido de la luz.
Lo que se escucha es el estruendo
del hombre cruel al pasar.
Deseo escuchar la música
que atraviesa el manto
y me lleva a donde tú estás.
Deseo escuchar las risas
de los niños libres y sin afán.
Deseo el tiempo, sin tiempo,
conocerte más, y meditar.
Deseo sentir el olor a pan fresco, recién hecho,
y helado de vainilla
con aroma de chocolate.
Deseo sentir el olor al dulce
de tu fragancia limpia y fresca
donde puedo descansar
y los recuerdos diversos
memorias,
pensar en un ideal
cada segundo, uno tras otro,
y así, las horas, vienen y van
al anochecer, se cuenta y se vuelve a contar.
despertar y confiar.

Minutos

Al amanecer la vida trae esperanza.

La sangre se ha evaporado.

Ríos desbordantes de vida que fluye sin parar.

Confianza, fe y amor.

Las llaves del reino.

Aires helados. Vientos incendiados.

Sueños inmortales. Es mi cinismo. Es el orgullo que destruye.

No lo puedo Soportar. No lo puedo evitar. Aléjalo de mí.

Inundaciones. Emociones que emergen. Regiones que comprimen la verdad. Jesucristo es la puerta,

Jesucristo es la vida, Jesucristo es tu salida. Caminemos juntos.

De nuevo, ¡Te lo ruego!, ¡Te alcanzo!

Intervalos

¿Dios, eres tú?, como un mar embravecido que sacudes mi alma y me hace reaccionar. ¿Eres tú? En las noches mí ser se ahoga en el sonido del bramar de caballos que se escuchan, se aproximan, a la distancia, nubes de polvo, un ejército, al parecer, de demonios.

No puedo ver con claridad, ojala hubieses sido tú en medio de la multitud. Sigo esperando. El mundo espera sumergido en los sueños sin tiempo. Pacientemente esperan en ti Señor. En medio de la angustia y el dolor, el mundo en verdad te anhela, te necesita. No volveré a las cenizas que emergen de la desilusión. Me levantaré y esperare, confiado en ti esperare, asi no seas tú.

Desaparecer

Es decir, los dos caminos parecen igual. Pero no es lo mismo, lanzarse al vacío, que caer de un abismo. No es mejor: salir huyendo, que morir en el intento. Sé que pretendes y tu compañía es insospechada. No era la intención verte así. No era la intensión venir hasta aquí.

Por ahora sí, fuiste tú, el que me invito a seguir. Tú fuiste, desde un principio, tú el propósito de existir. Tú, la intención. Escucho las voces, escucho los ruegos que preguntan, y dicen: ¿qué ocurrió? y, ¿cómo sucedió?

Un abrazo helado al despertar. Una canción sin sonido que se esfumo. Sin embargo, la melodía que colocaste en el viejo tocador se escucha a la distancia.

Una mesa de cuatro patas, una taza de café, dos panes, el queso y la mantequilla, y esa fruta que sigue ahí, secándose.

Se escucha la regadera, el agua bien fría, traslucida, y el eco de cada gota que cae en el sifón. Una llave mal cerrada, golpea, golpea, nuestro corazón, y nos avisa que algo anda mal.

La ventana se abre y la luz del viejo cielo baña la habitación.

La luz perfora los minutos y los segundos.

La soledad no se deja interrumpir. Caminas por las calles sin mirar atrás. Es mejor así, es mejor no mirar. Da igual. Eso parece, y algunos lo creen, y saben, que no volverás. Es nuestro corazón que se ahoga en pena y en un grito de auxilio, de angustia y dolor: Viene la ayuda, viene en camino.

Regreso

Todos te vieron partir y todos dijeron: sale en la mañana y a veces en el atardecer, pero jamás cuando está lloviendo.

¿Es el mismo sujeto?, Sí, es el mismo hombre. El sol sabe quién es. Las nubes y el viento también, y apropósito, el viento, hace que su boina se caiga al suelo y lo hace, para ver su rostro descubierto. Y él sonríe cuando le ve, levantando una mano y con un gesto saluda. Su chaqueta bien puesta, y una pañoleta que protege su voz, la que alguna vez se escuchó.

¿Llegas en la noche?, tal vez. La conciencia se pregunta: ¿Hasta dónde pudo llegar? ¿Cómo sabré el camino de regreso? Y, ¿Qué tal si lo olvidó?, y ¿si, otra vez, lo olvidé? No pienses. No lo hagas. Derrotado no creas que estas. El camino sigue intacto. Suena el teléfono y se escucha una voz.

Nos alegra verte, nos alegra ver tu regreso. ¡Perdónanos! ¡Por favor!, En el parque de los recuerdos y en las calles del olvido, te olvidamos. ¡Perdónanos! ¡Por favor! Por no hacerte reír.

El tiempo nos derroto, e inmovilizo los pies, mis huesos, enjauló. Perdona mi frágil pensamiento. Mis manos adheridas al timón.

Nos quedamos a la deriva, y no fue posible el rescate.
Fijar un rumbo. Imposible.
La brújula se averió y las estelas en el océano,
desaparecieron.
Tú presencia, como un mueble viejo que se deshizo con
el tiempo.
Olvidamos quiénes éramos.
Olvidamos el momento. Olvidamos el pasado, el
presente
y el futuro.
La despedida, la que nunca avisa, y a nadie invita.
¡Tomémonos un café!
Fijare mis ojos al cielo y daré gracias a DIOS por
volverte a
ver.
Sí, Aquí estoy de regreso. ¡Amigo mío!, en el camino
correcto.
Bendito sea Dios que nos escuchó y tú apareciste de
nuevo.

Las palabras abren puertas sobre el mar

(Rafael Alberti)

El Señor está cerca de quienes lo invocan,
de quienes lo invocan en verdad.

Salmo 145:18

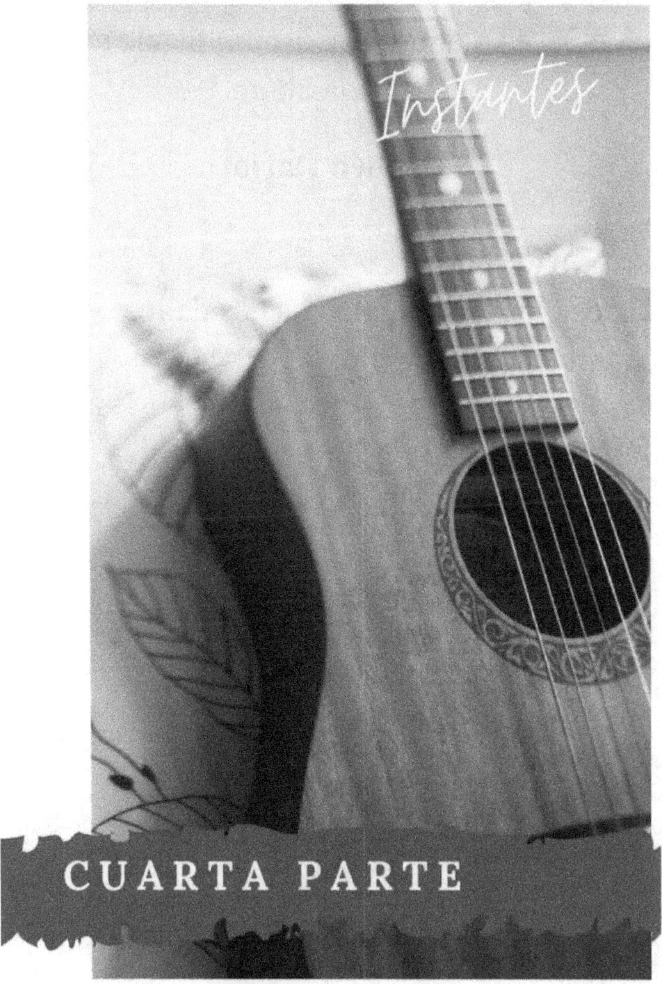

Ceil
CREATIVIDAD
E INNOVACIÓN DE LUZ
EDITORIAL

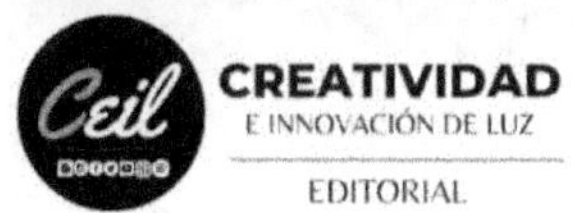

No dejes apagar el entusiasmo, virtud tan valiosa como necesaria; trabaja, aspira, tiende siempre hacia la altura

(Rubén Darío)

La exposición de tus palabras nos da luz, y da entendimiento al sencillo.

Salmo 119:130

CUARTA PARTE
Querido Padre

Querido padre,
no hay que pedirle a Dios
un padre mejor;
eres suficiente
para el propósito mayor

Eres lo que yo,
sin saber, anhele
y el tus hijos también.
Comprender y entender,
no es fácil de resolver.

Los años 50, 60 y 70
tu mundo, mi mundo
colapsó, se asfixió, en un instante de ira
en un instantes de dolor, el 9 de Abril
El Frente Nacional
Las Farc, Eln, Epl y el M-19
todos en un mar de confusión.

Un tanque se precipitó
un volcán que despertó
un auxilio que jamás llegó

la angustia, el desespero y la persecución.

La ciudad en llamas
se hundía en desesperación.
La segunda guerra y el eco del terror.

En las calles frías y desoladas
el aire helado trasportaba
el sabor a sangre,
los muertos por doquier, un infierno detrás de ti.

Previste la tragedia,
una generación en pena
los gritos en las plazas, exigían algo mejor
y en esos vaivenes de la vida
conociste a mi Madre Querida.

Tú amigo jamás llego
una cita con el destino
y como en las películas de amor
observaste a tu alrededor
la más bella flor.

Una nota, y una canción,
un minuto eterno y un café
Te inspiraste, claramente, elegiste
el verdadero amor.

Los libros: IBM y Jack London,
Mario Vargas, Borges y Dostoyevski,
Hemingway, García Márquez
El Cóndor Pasa, Espumas y Cachipay

Ocarina, El Pájaro Campana y Soy Colombiano
Los Beatles, Hayden, Beethoven, Mozart y Chopin
una grabadora de una sola casetera
y en el Centro de la ciudad, un Mercado de las Pulgas
Los Cerros Orientales, Vicachá, Monserrate, Bosque
Izquierdo, Cota, Chía y Cerca de Piedra.
Las Bicicletas.
Caminos viejos y espinales,
La Valvanera Tenjo y Tabio.
Las montañas, el horizonte.

La leche recién ordeñada.
El pan integral, el ariquipe y la miel de abejas
no te afanes, me dijiste alguna vez
la vida es sencilla
ni una ajuga ni un ajedrez
nada, nada, nos podremos llevar
lo único, el sonido de esta bella melodía
la belleza de ser feliz
la alegría de vivir
el recuerdo, el amor, la gracia y el perdón.

Dios Padre que supo esperar,
y sobre todo, amar hasta el final.
No seguimos viendo,
todavía una vez más.
Por ahora, muchos años,
sí, muchos años vendrán.

Madre querida

Madre querida, desbordante amor.
Madre querida, tu cariño hizo posible la reconciliación.
Sin ti, jamás hubiese podido existir.
Madre querida, tu afecto es indudable.
Fabricaste en un instante un cielo azul.

Eres admirable.
No sé de dónde nos salvaste,
y en un segundo nos hallaste
y en un momento eterno nos amaste.

A veces olvidamos el placer de abrazarte,
conversar a tu lado
y charlar un buen rato
y en ocasiones olvidarnos de todo;
del mundo, de la religión, de los sueños, de las riquezas
simplemente conversar y compartir.

Conversar sin preocupación,
tomando el té en un sillón
sonreír, un café y un chocolate al final.
Esta vez no necesito azúcar,
esta vez, tu dulzura me basta.

En donde estés, la vida se encargó de florecer
reconocer tu belleza y sincera amabilidad
es examinar el ayer.
Todo lo que hiciste tú por mí, es excepcional

nunca lo olvidare.
Por más lejos que estés, tu amor siempre existirá
jamás se desvanecerá, el recuerdo y la Menorá.

Nunca olvidare la imagen de tu juventud,
bello rostro encantador
que a un joven, en un café, sin duda enamoró
y gracias a tu voz, le diste un por qué.

Nos enseñaste a ver a DIOS,
en todo su esplendor
tras la ventana y en las tormentas
siempre a confiar en él.

2

Madre querida, por tu amistad y tu valor
he de presenciar la compasión.

El mundo resplandeció en las tardes,
y aunque a veces no te lo diga
y aunque a veces no te lo diga
siempre te amaré.

Madre querida,
dulce y suave voz
bella y hermosa sonrisa
que a un barrio cautivó;
y en aquel viejo hospital
mis ojos por primera vez
te amaron en realidad

Lady

Mi juventud es ver tú Rostro,
amada mía.
Soy viejo cuando intento,
alejarme.
Soy viejo cuando escapo
de tu lado.
Lejos de tu inmenso amor
lejos de tu corazón,
mi juventud es estar cerca de ti.

Eres el brillo del amanecer
tu reflejo ilumina
la noche más oscura
la noche mas fría.
La aurora nebular
de un espacio más lejano
cuando te quieres apartar.

Mi juventud es ver tu rostro,
y de lejos, yo te observo
sin que te des cuenta, sonríes
en instantes, destellos de luz
de luces de mil colores, que deja tu ausencia;
en el aroma de tus cabellos
y en el sabor de tus besos
cerca de tu piel suave
abrazada esta mí alma.

Cerca de ti anhelo
el respiro y el encanto
¿Me apartare de ti?,
mi deseo es estar junto a ti.

Un día cambiaremos,
y en un momento eterno
nuestro amor será como el fuego.

El sacrificio y el esfuerzo,
preciosa y bella flor
mujer de primavera
mujer de mi corazón.

Princesa de Edén
en las profundidades del espíritu
que supo entender
que supo amar y que pudo querer.

Un beso en el atardecer, un te quiero al anochecer,
llegando a casa y queriéndote ver.

Decidí seguir luchando
a Pesar del ayer
no busco lastimarte
mi más linda, y hermosa flor.

Princesa en el camino, hermosa pasión,
tus ojos cautivos, espontánea ilusión
realidad imperecedera
fuente de amor
amada mía, princesa, aquí y allá,
por siempre hasta el final.

Princesas

Son fuertes, decididas y hermosas
Un día más en esta ciudad, extrañándolas.

Esparcimos el cariño por el mundo,
sin darnos cuenta la belleza y la estética
sobresalen, del esplendor de tu mirada
fragancia perdurable, que empapa las calles
y aquellos lugares, que me recuerdan a ti.

No hay palabras para describir los bellos momentos
El llanto y los juegos.
Salir y disfrutar al parque, en las tardes, al caer el sol
correr saltar, caer y levantarse.

Recuerda, Dios es el Dios de los valientes
no lo olvides jamás.
Las noches de navidad, noches de encanto,
dulces y regalos.
Pasa el tiempo y sin darnos cuenta,
los instantes de luz.
El agua bien fría que pereza, hacer oficio que aburrido
cocinar, quizás otro día.

Con el tiempo comprenderemos
que el uno al otro, nos queremos.
Ustedes son tres: brillantes, ingeniosas y artistas
el violín, el piano, y La guitarra.

Lettering, tus manos, y tu rostro,
e igual que tu mirada, obras de arte,
una selfi, sonreír y un flash
todo en realidad,es especial.

La tendencia es la sabiduría.
Silencio y oración, cuando no sepas qué camino elegir.
Confía en el señor, y da el primer paso.
Vendrán mejores tiempos
olvidemos los malos momentos.

Guarda en el corazón, el amor de Dios,
es, lo único que permanece, es, lo único eterno.
Controlar las pasiones, la virtud del guerrero.
Perfumar tu corazón con la palabra de Dios.
Perdonar las faltas y Dios perdonará cuando haga falta.
En ocasiones es bueno quemar el ídolo de nosotros
mismos.
Recuerda las ideas necesitan su espacio
así como tu cuerpo y tu alma necesita nuevos desafíos.

Gestos, abrazos, sonrisas, no lo olvides
ése es el lenguaje del amor, es aquel que se da sin palabras
 y se trasmite con devoción.

Guardemos en la memoria los recuerdos del ayer
y en la casa de tus sueños, cuando la vida era sencilla
y el mundo, no giraba al revés,
recuerda en aquel lugar, vivías en paz,
y los sueños se hacían realidad
ése será nuestro recuerdo.

Amy

    ¿Qué hacer con tan inmenso dolor?
Dejaste al que más te quería, dejaste en verdad, aquel que te amo.
¿Qué hacer con tan inmenso dolor? Hiciste silenciosas las palabras de ternura y pasión.
Olvidaste al que te amaba, olvidaste a quien te amo.
Su tierna compañía, su mirada de compasión. Olvidaste el afecto, olvidaste la diversión
Ladrar, brincar y saltar.
¿Qué hacer con tan inmenso dolor? Olvidaste al que te amaba, olvidaste a quien te amo.
Más allá de los límites, y su mirada de admiración, a pesar de tu asimetría y borrosa manera de ser, creía en ti y juzgaba que podías hacerlo bien.
Y ahora qué sabes, qué lejos está, las extrañas y un vacío y un fin. ¿Qué hacer con tan inmenso dolor? Olvidaste al que te amaba, olvidaste a quien te amo.
Un collar de ahogo y sin preguntar, muy lejos, un recuerdo, de un ser que iba de paso, de un ser extraordinario, inesperado.
En travesía de la vida, encontró un hogar, que busco sin cesar.
En la incertidumbre del caos, el césped crece y florece, se desvanece.

La lluvia, el sol, las tormentas. El viento suave, la distancia, el rostro de los que juegan, de los que recuerdan. La necesidad de un DIOS de amor. Podemos elegir, tal vez, una y otra vez. Las miradas inquietantes, los niños, los vecinos, el mundo entero, aquellos que vieron, a la hermosa Amy, nacer, crecer y partir.

Sin mis hijos, tal vez mi casa estaría limpia y mi billetera llena, pero mi corazón estaría vacío".

"Te amo desde el mismo instante que supe que venías en camino, te amé más cuando escuché el latir tu corazón por primera vez, te amé desde el primer minuto que naciste".

Cuando vi tu carita y tomaste mi mano, entonces supe que desde ese instante, yo daría la vida por ti."

Anonimo.

"Lo más bello que tengo en la vida y no tiene precio. Son mis hijos."

"La vida no siempre será fácil, pero no temas, nunca estarás sola, tus problemas serán los míos y estaré a tu lado hasta el final de mis días."

Anonimo

PRINCESAS

CEIL **CREATIVIDAD**
E INNOVACIÓN DE LUZ

EDITORIAL

La poesía es siempre un acto de paz."

Pablo Neruda

Eres

Eres creación,
sinfonía del amor,
una imagen grabada en estrellas.
Mil siglos.
Eres efigie del creador,
pariente impecable.
Tú vestido hecho de galaxias,
un gobierno sin igual.
La voz de los cielos
el maná, y el más allá.
Eres tú el soplo de vida,
los océanos, y el mar.
Las arenas tan difusas
callejones sin salida.
Mis ojos bien abiertos
tus manos siempre tiernas.
¿Has visto la soledad?,
en lo profundo de mi alma
me salvaste.
Lo grabaste en el lagar.

Tu arte

Tú obra
Lágrimas y relámpagos,
tormentas, relatos de tu historia
anécdotas que alegran
dolor y llanto
conversaciones
es un dialogo, no un debate
expresión, y posibilidad
¿tinieblas?
¿luz?,
Tú decides.
En el ejercicio constante
la disciplina del ser
la gentileza de tus ideas
historias y leyendas
herencias imperecederas
semejanzas del creador.

Pensamientos

Percibir.
dejar de verme a mí mismo
por unos instantes en el espejo de las mil razones
tu reflejo.
Destellos de tu amor inconmensurable
puedo ver el ser, y por unos segundos
el ego.
Se marcha esta vez en el rostro ajeno
nada.
No existe nada en absoluto, ¿puedes deshacer la paz?
no interesa.
Tú me das aliento, tú me das libertad
noches.
Tierras que no siegan
noche de los tiempos
el mar muerto.
Dónde la vida eclipsa,
y el tiempo se olvidó.
La soledad, compañera
cruel para la relación.
Noches de los tiempos
el orgullo inconsciente.
Insensatez
causa de dolor
noches desiguales
sobras del día
¿Por qué existes?
noche del día.

La hora

Solía decir hace mucho tiempo: "El tiempo no está muerto", por supuesto, ahí está, recordándonos cómo hacer lo correcto. Si no fuera por el tiempo, todas las malas decisiones y consecuencias existirían eternamente, y nadie buscaría un sustituto.

El tiempo hace comprender a los hombres sus equivocaciones, les hace comprender su significado.

Religión

La religión es el intento del hombre, en su búsqueda constante, en su búsqueda de DIOS.

Los estudiantes no lo entienden, sin embargo, un legado, no de imposición, sino de revelación. Todo lo que un hombre necesita saber de ti, es saber, que tú nunca abandonas.

Conectores

Nosotros conectores de su presencia. Podemos decir en analogías eternas, que el reino es la matriz, la matriz verdadera, y nosotros los programas.

De repente un virus, ha infectado el sistema de luz, los procesadores, discos duros, memorias, carpetas, unidades, todo ha sido corrompido.

Dios puede limpiarnos pero debe destruir aquel infiltrado. Tal como sucedió en el principio, todo será perfecto y eterno. DIOS debe resetear el programa y de nuevo instalar una nueva versión. Sí, una nueva versión de nosotros mismos, para poder cumplir con nuestra Misión.

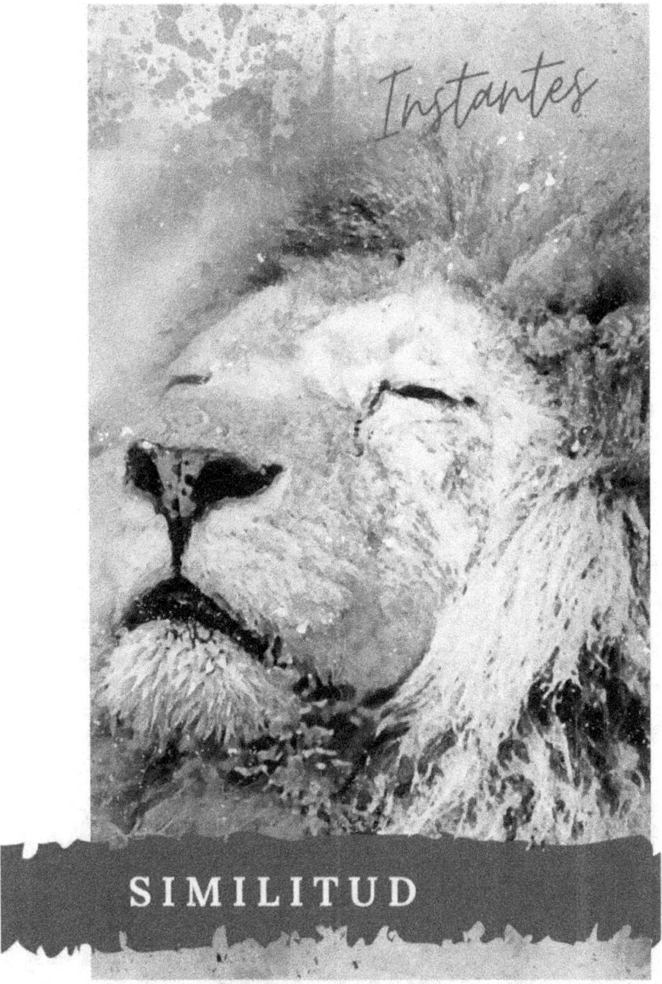

Ceil

CREATIVIDAD
E INNOVACIÓN DE LUZ
EDITORIAL

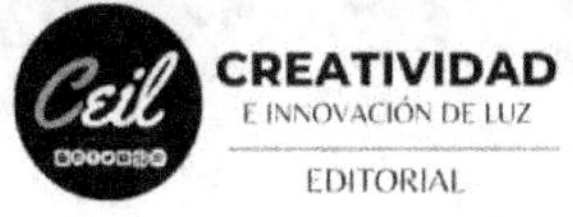

Hay derrotas que tienen más dignidad que una
victoria

(Jorge Luis Borges)

¿Acaso no lo sabes?
¿Acaso no te has enterado?
El Señor es el Dios eterno,
creador de los confines de la tierra.
No se cansa ni se fatiga,
y su inteligencia es insondable.

Isaías 40:28

Las Calles

En el camino ando
y por las calles pensando,
no puedo ver el alba,
no puedo ver con claridad.
Los rostros abatidos,
escucho los latidos,
heridos que agonizan,
sueños perdidos
la paz que hay en ti
es el poder de la gracia.

Similitud.

Semejanzas de un DIOS de amor.
reflejo imperecedero
bondad y perdón.
Búsqueda del sentido.
Todo lo que DIOS es, se hace visible en su poder.
Todo lo que DIOS es, se hace eterno en Jesús:
Vida, Muerte y Resurrección.
DIOS es un gran comunicador, de la comunidad del
amor.
Perfecta armonía, perfecta declaración:
DIOS Padre, DIOS Hijo, DIOS Espíritu.
Las expresiones de su revelación.
DIOS nos habla y su ADN está a salvo en Jesús.
Él ya decidió.
No hablará más con símbolos, hablará claramente.
Necesitas compromiso.
Somos sus hijos.
Herencia de un reino, un Reino sin fin.

Ideas.

Semillas plantadas en un ser maravilloso, imagen de Dios. Conceptos y preceptos, sueños y deseos. Una visión, cuanto más se alimenta, tal pensamiento será. Se convertirá en sí mismo. En un ser despreciable o, en un ser admirable. Cuanto más crezcan, éstas se fortalecerán.

Oscuro.

Que podemos decir:
Lo único que podemos decir en realidad es que Dios es Amor y que hace posible la reconciliación.

Oscuro, no es sinónimo de maldad, o del mal, no en esta oportunidad. No podemos ver con claridad.

Es imperante decidir en cada situación.

Pareciera que nada se puede hacer. Se podría decir que es imposible contender.

Blanco o negro, claro u oscuro, que camino elegir.
La verdad está cerca y a la vez está lejos. Es por eso que observamos.

Y Dios nos aísla de toda confusión.

Pero antes, debes saberse, que dentro de ti, está el poder de comprender y entender que la luz y las tinieblas no son lo mismo, asimismo la esperanza y la fe, elige el camino correcto.

Gotas de luz

Gotas de luz que refrescan mi ser,
Gotas de luz legítimas han de ser.
Gotas de luz cubierta de color,
Gotas de luz del despegado cielo azul.
Gotas de luz que descienden hacia mí.
Gotas de luz reflejos en mí,
Gotas de luz, fidedignas, majestuosas.

Solemnes, esplendorosas
partículas sin fin
camino de albor,
resplandecientes,
sin ficción,
Fracciones de luz, sombras, sin ecos
sucesos inolvidables
destellos de otra dimensión

Alguna vez

Pensé que había leído bastante, como para saber acerca de quién era DIOS, pensé investigar y tratar de desvelar los misterios, quizás entender la génesis de la creación.

Pensé que Dios tenía la obligación de contarme sus secretos; luego comprendí que era inútil, desconsuelo y pena, solo Dios decide a quien confiar sus designios en el sendero de los sueños, únicamente Él decide.

Dios puede tener en cuenta, si haces lo correcto. Si eres autentico. Contigo mismo, bastara. Sigo aquí observando alrededor, constante.

Dios no lo hará saber, absolutamente todo, en su debido instante. Solo hasta entonces, debemos ser pacientes y recordar que solo vamos de paso, y que, en el sendero de los sueños, Dios permanece hasta el fin.

Muere lentamente quien no viaja, quien no oye música, quien no encuentra gracia en sí mismo.

(Pablo Neruda)

Más bien, crezcan en la gracia y en el conocimiento de nuestro Señor y Salvador Jesucristo. ¡A él sea la gloria ahora y para siempre! Amén.

2 Pedro 3:18

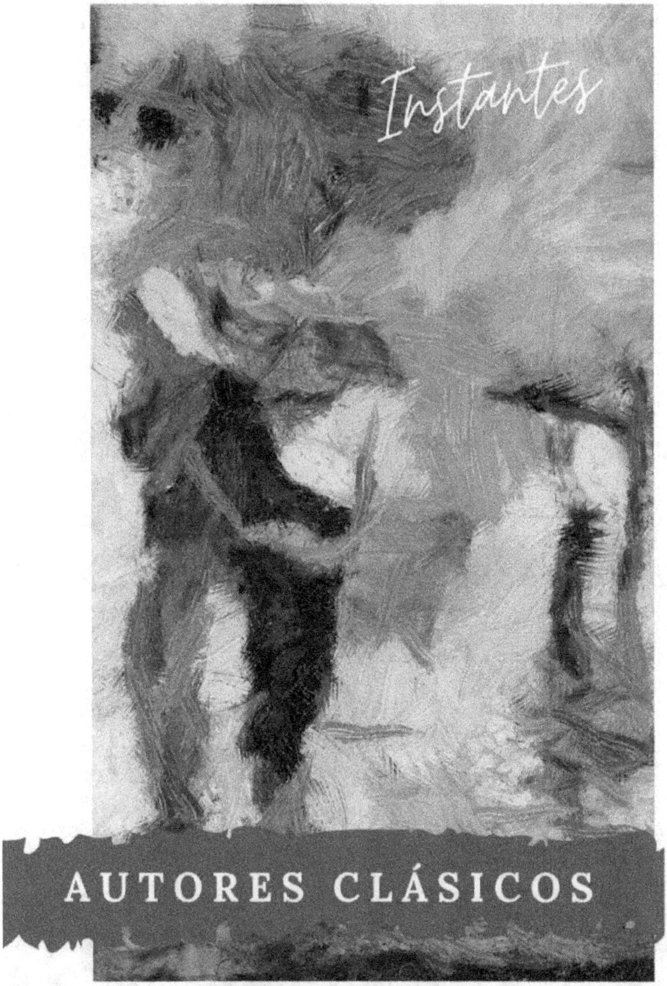

Instantes
AUTORES CLÁSICOS

Muere lentamente quien no viaja, quien no oye música, quien no encuentra gracia en sí mismo.

(Pablo Neruda)

Más bien, crezcan en la gracia y en el conocimiento de nuestro Señor y Salvador Jesucristo. ¡A él sea la gloria ahora y para siempre! Amén.

2 Pedro 3:18

AUTORES CLÁSICOS

A Margarita Debayle

Margarita está linda la mar,
y el viento,
lleva esencia sutil de azahar;
yo siento
en el alma una alondra cantar;
tu acento:
Margarita, te voy a contar
un cuento:

Esto era un rey que tenía
un palacio de diamantes,
una tienda hecha de día
y un rebaño de elefantes,
un kiosko de malaquita,
un gran manto de tisú,
y una gentil princesita,
tan bonita,
Margarita,
tan bonita, como tú.

Una tarde, la princesa
vio una estrella aparecer;
la princesa era traviesa
y la quiso ir a coger.

La quería para hacerla
decorar un prendedor,
con un verso y una perla
y una pluma y una flor.

Las princesas primorosas
se parecen mucho a ti:
cortan lirios, cortan rosas,
cortan astros. Son así.

Pues se fue la niña bella,
bajo el cielo y sobre el mar,
a cortar la blanca estrella
que la hacía suspirar.

Y siguió camino arriba,
por la luna y más allá;
más lo malo es que ella iba
sin permiso de papá.

Cuando estuvo ya de vuelta
de los parques del Señor,
se miraba toda envuelta
en un dulce resplandor.

Y el rey dijo: «¿Qué te has hecho?
te he buscado y no te hallé;
y ¿qué tienes en el pecho
que encendido se te ve?».

La princesa no mentía.
Y así, dijo la verdad:
«Fui a cortar la estrella mía
a la azul inmensidad».

Y el rey clama: «¿No te he dicho
que el azul no hay que cortar?.
¡Qué locura!, ¡Qué capricho!...
El Señor se va a enojar».

Y ella dice: «No hubo intento;
yo me fui no sé por qué.
Por las olas por el viento
fui a la estrella y la corté».

Y el papá dice enojado:
«Un castigo has de tener:
vuelve al cielo y lo robado
vas ahora a devolver».

La princesa se entristece
por su dulce flor de luz,
cuando entonces aparece
sonriendo el Buen Jesús.

Y así dice: «En mis campiñas
esa rosa le ofrecí;
son mis flores de las niñas
que al soñar piensan en mí».

Viste el rey pompas brillantes,
y luego hace desfilar
cuatrocientos elefantes
a la orilla de la mar.

La princesita está bella,
pues ya tiene el prendedor
en que lucen, con la estrella,
verso, perla, pluma y flor.

Margarita, está linda la mar,
y el viento
lleva esencia sutil de azahar:
tu aliento.

Ya que lejos de mí vas a estar,
guarda, niña, un gentil pensamiento
al que un día te quiso contar
un cuento.

Poesía Rubén Darío

La princesa está triste

La princesa está triste... ¿Qué tendrá la princesa?
Los suspiros se escapan de su boca de fresa,
que ha perdido la risa, que ha perdido el color.
La princesa está pálida en su silla de oro,
está mudo el teclado de su clave sonoro,
y en un vaso, olvidada, se desmaya una flor.

El jardín puebla el triunfo de los pavos reales.
Parlanchina, la dueña dice cosas banales,
y vestido de rojo piruetea el bufón.
La princesa no ríe, la princesa no siente;
la princesa persigue por el cielo de Oriente
la libélula vaga de una vaga ilusión.

¿Piensa, acaso, en el príncipe de Golconda o de China,
o en el que ha detenido su carroza argentina
para ver de sus ojos la dulzura de luz?
¿O en el rey de las islas de las rosas fragantes,
o en el que es soberano de los claros diamantes,
o en el dueño orgulloso de las perlas de Ormuz?

¡Ay!, la pobre princesa de la boca de rosa
quiere ser golondrina, quiere ser mariposa,
tener alas ligeras, bajo el cielo volar;
ir al sol por la escala luminosa de un rayo,
saludar a los lirios con los versos de mayo
o perderse en el viento sobre el trueno del mar.

Ya no quiere el palacio, ni la rueca de plata,
ni el halcón encantado, ni el bufón escarlata,
ni los cisnes unánimes en el lago de azur.
Y están tristes las flores por la flor de la corte,
los jazmines de Oriente, los nelumbos del Norte,
de Occidente las dalias y las rosas del Sur.

¡Pobrecita princesa de los ojos azules!
Está presa en sus oros, está presa en sus tules,
en la jaula de mármol del palacio real;
el palacio soberbio que vigilan los guardas,
que custodian cien negros con sus cien alabardas,
un lebrel que no duerme y un dragón colosal.

¡Oh, quién fuera hipsipila que dejó la crisálida!
(La princesa está triste, la princesa está pálida)
¡Oh visión adorada de oro, rosa y marfil!
¡Quién volara a la tierra donde un príncipe existe,
—la princesa está pálida, la princesa está triste—,
más brillante que el alba, más hermoso que abril!

—«Calla, calla, princesa —dice el hada madrina—;
en caballo, con alas, hacia acá se encamina,
en el cinto la espada y en la mano el azor,
el feliz caballero que te adora sin verte,
y que llega de lejos, vencedor de la Muerte,
a encenderte los labios con un beso de amor».

**Poesía Rubén Darío
Sonatina La princesa está triste**

Rima X

Los invisibles átomos del aire
en derredor palpitan y se inflaman;
el cielo se deshace en rayos de oro;
la tierra se estremece alborozada;
oigo flotando en olas de armonía
rumor de besos y batir de alas; mis párpados se
cierran...
¿Qué sucede? –
¡Es el amor que pasa!

Gustavo Adolfo Bécquer

Rima XIV

Alguna vez la encuentro por el mundo
y pasa junto a mí
y pasa sonriéndose y yo digo
¿Cómo puede reír?
Luego asoma a mi labio otra sonrisa
máscara del dolor,
y entonces pienso: -Acaso ella se ríe,
como me río yo.

Gustavo Adolfo Bécquer

Abrojos – IV

Puso el poeta en sus versos
todas las perlas del mar,
todo el oro de las minas,
todo el marfil oriental;
los diamantes de Golconda,
los tesoros de Bagdad,
los joyeles y preseas
de los cofres de un Nabad.
Pero como no tenía
por hacer versos ni un pan,
al acabar de escribirlos
murió de necesidad.

Rubén Darío Abrojos 1887.

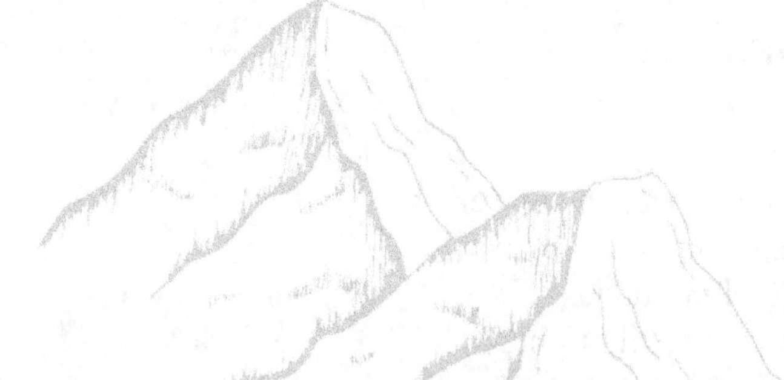

Para derrotar al mal en el mundo debemos superarlo
primero en nosotros mismos.

C. S. Lewis

LOS MOTIVOS DEL LOBO

"El mayor descubrimiento de todos los tiempos es que una persona puede cambiar su futuro simplemente cambiando su actitud",

Oprah Winfrey.

Los motivos del lobo

Murió de necesidad. El varón que tiene corazón de lis,
alma de querube, lengua celestial,
el mínimo y dulce Francisco de Asís,
está con un rudo y torvo animal,
bestia temerosa, de sangre y de robo,
las fauces de furia, los ojos de mal:
el lobo de Gubbia, el terrible lobo,
rabioso, ha asolado los alrededores;
cruel ha deshecho todos los rebaños;
devoró corderos, devoró pastores,
y son incontables sus muertes y daños.

Fuertes cazadores armados de hierros
fueron destrozados. Los duros colmillos
dieron cuenta de los más bravos perros,
como de cabritos y de corderillos.

Francisco salió:
al lobo buscó
en su madriguera.
Cerca de la cueva encontró a la fiera
enorme, que al verle se lanzó feroz
contra él. Francisco, con su dulce voz,
alzando la mano,
al lobo furioso dijo: ?¡Paz, hermano

lobo! El animal
contempló al varón de tosco sayal;
dejó su aire arisco,
cerró las abiertas fauces agresivas,
y dijo: ?¡Está bien, hermano Francisco!
¡Cómo! ?exclamó el santo?. ¿Es ley que tú vivas
de horror y de muerte?
¿La sangre que vierte
tu hocico diabólico, el duelo y espanto
que esparces, el llanto
de los campesinos, el grito, el dolor
de tanta criatura de Nuestro Señor,
no han de contener tu encono infernal?
¿Vienes del infierno?
¿Te ha infundido acaso su rencor eterno
Luzbel o Belial?
Y el gran lobo, humilde: ?¡Es duro el invierno,
y es horrible el hambre! En el bosque helado
no hallé qué comer; y busqué el ganado,
y en veces comí ganado y pastor.
¿La sangre? Yo vi más de un cazador
sobre su caballo, llevando el azor
al puño; o correr tras el jabalí,
el oso o el ciervo; y a más de uno vi
mancharse de sangre, herir, torturar,
de las roncas trompas al sordo clamor,
a los animales de Nuestro Señor.
Y no era por hambre, que iban a cazar.
Francisco responde: ?En el hombre existe
mala levadura.
Cuando nace viene con pecado. Es triste.
Mas el alma simple de la bestia es pura.
Tú vas a tener

desde hoy qué comer.
Dejarás en paz
rebaños y gente en este país.
¡Que Dios melifique tu ser montaraz!
?Está bien, hermano Francisco de Asís.
?Ante el Señor, que todo ata y desata,
en fe de promesa tiéndeme la pata.
El lobo tendió la pata al hermano
de Asís, que a su vez le alargó la mano.
Fueron a la aldea. La gente veía
y lo que miraba casi no creía.
Tras el religioso iba el lobo fiero,
y, baja la testa, quieto le seguía
como un can de casa, o como un cordero.

Francisco llamó la gente a la plaza
y allí predicó.
Y dijo: ?He aquí una amable caza.
El hermano lobo se viene conmigo;
me juró no ser ya vuestro enemigo,
y no repetir su ataque sangriento.
Vosotros, en cambio, daréis su alimento
a la pobre bestia de Dios. ?¡Así sea!,
contestó la gente toda de la aldea.
Y luego, en señal
de contentamiento,
movió testa y cola el buen animal,
y entró con Francisco de Asís al convento.

Algún tiempo estuvo el lobo tranquilo
en el santo asilo.
Sus bastas orejas los salmos oían
y los claros ojos se le humedecían.

Aprendió mil gracias y hacía mil juegos
cuando a la cocina iba con los legos.
Y cuando Francisco su oración hacía,
el lobo las pobres sandalias lamía.
Salía a la calle,
iba por el monte, descendía al valle,
entraba en las casas y le daban algo
de comer. Mirábanle como a un manso galgo.
Un día, Francisco se ausentó. Y el lobo
dulce, el lobo manso y bueno, el lobo probo,
desapareció, tornó a la montaña,
y recomenzaron su aullido y su saña.
Otra vez sintióse el temor, la alarma,
entre los vecinos y entre los pastores;
colmaba el espanto los alrededores,
de nada servían el valor y el arma,
pues la bestia fiera
no dio treguas a su furor jamás,
como si tuviera
fuegos de Moloch y de Satanás.

Cuando volvió al pueblo el divino santo,
todos lo buscaron con quejas y llanto,
y con mil querellas dieron testimonio
de lo que sufrían y perdían tanto
por aquel infame lobo del demonio.

Francisco de Asís se puso severo.
Se fue a la montaña
a buscar al falso lobo carnicero.
Y junto a su cueva halló a la alimaña.
En nombre del Padre del sacro universo,
conjúrote ?dijo?, ¡oh lobo perverso!,

a que me respondas: ¿Por qué has vuelto al mal?
Contesta. Te escucho.
Como en sorda lucha, habló el animal,
la boca espumosa y el ojo fatal:
Hermano Francisco, no te acerques mucho...
Yo estaba tranquilo allá en el convento;
al pueblo salía,
y si algo me daban estaba contento
y manso comía.
Mas empecé a ver que en todas las casas
estaban la Envidia, la Saña, la Ira,
y en todos los rostros ardían las brasas
de odio, de lujuria, de infamia y mentira.
Hermanos a hermanos hacían la guerra,
perdían los débiles, ganaban los malos,
hembra y macho eran como perro y perra,
y un buen día todos me dieron de palos.
Me vieron humilde, lamía las manos
y los pies. Seguía tus sagradas leyes,
todas las criaturas eran mis hermanos:
los hermanos hombres, los hermanos bueyes,
hermanas estrellas y hermanos gusanos.
Y así, me apalearon y me echaron fuera.
Y su risa fue como un agua hirviente,
y entre mis entrañas revivió la fiera,
y me sentí lobo malo de repente;
mas siempre mejor que esa mala gente.
y recomencé a luchar aquí,
a me defender y a me alimentar.
Como el oso hace, como el jabalí,
que para vivir tienen que matar.
Déjame en el monte, déjame en el risco,
déjame existir en mi libertad,

vete a tu convento, hermano Francisco,
sigue tu camino y tu santidad.

El santo de Asís no le dijo nada.
Le miró con una profunda mirada,
y partió con lágrimas y con desconsuelos,
y habló al Dios eterno con su corazón.
El viento del bosque llevó su oración,
que era: Padre nuestro, que estás en los cielos...

Rubén Darío Los motivos del lobo (1913)

"Triángulo armónico"

Thesa
La bella
Gentil princesa
Es una blanca estrella
Es una estrella japonesa.
Thesa es la más divina flor de Kioto
Y cuando pasa triunfante en su palanquín
Parece un tierno lirio, parece un pálido loto
Arrancado una tarde de estío del imperial jardín.

Todos la adoran como a una diosa, todos hasta el
Mikado
Pero ella cruza por entre todos indiferente
De nadie se sabe que haya su amor logrado
Y siempre está risueña, está sonriente.
Es una Ofelia japonesa
Que a las flores amante
Loca y traviesa
Triunfante
Besa.

Vicente Huidobro

La poesía es siempre un acto de paz."

Pablo Neruda

CARTAS DE AMOR

Puedes olvidar a aquel con el que has reído pero no a aquel con el que has llorado

(Khalil Gibran)

Mil años, para ti, son como el día de ayer, que
ya pasó;
son como unas cuantas horas de la noche.

Salmo 90:4

Emoción vesperal

Hay tardes en las que uno desearía
embarcarse y partir sin rumbo cierto,
y, silenciosamente, de algún puerto,
irse alejando mientras muere el día;

Emprender una larga travesía
y perderse después en un desierto
y misterioso mar, no descubierto
por ningún navegante todavía.

Aunque uno sepa que hasta los remotos
confines de los piélagos ignotos
le seguirá el cortejo de sus penas,

y que, al desvanecerse el espejismo,
desde las glaucas ondas del abismo
le tentarán las últimas sirenas.

Emoción vesperal, por Ernesto Noboa y Caamaño

Carta De Amor
De Ludwig Van Beethoven

Aunque sigo en la cama, mis pensamientos van hacia
ti, mi Amada Inmortal, primero alegremente,
después tristemente, esperando saber
si el destino nos escuchará o no.
Yo sólo puedo vivir completamente
contigo y si no, no quiero nada.
Sí, estoy resuelto a vagar por ahí,
lo más lejos de ti hasta que pueda
volar a tus brazos y decir
que estoy realmente en casa contigo,
y pueda mandar mi alma arropada en ti
a la tierra de los espíritus.

Sí, desgraciadamente debe ser eso.
¿Serás más contenida y prudente
desde que conoces mi fidelidad hacia ti?
A ninguna más poseerá mi corazón,
nunca, nunca.

¡Oh Dios! ¿Por qué tiene uno que ser separado
de alguien a quien ama tanto?,
y además mi vida es ahora una vida desgraciada.

Tu amor me hace a la vez el más feliz y
el más desgraciado de los hombres.

A mi edad yo necesito una vida tranquila
y estable, ¿puede existir eso en nuestra relación?
Ángel mío, me acaban de decir que el coche
correo va todos los días,
debo cerrar la carta de una vez
y así podrás recibirla ya.
Cálmate, sólo a través de una consideración
calmada de nuestra existencia podemos alcanzar
nuestro propósito de vivir juntos.
Cálmate, ámame, hoy, ayer,
qué lágrimas anhelantes por ti, tú, tú,
mi vida, mi todo, adiós.
Continúa amándome,
nunca juzgues mal el corazón fiel de tu amado.

Siempre tuyo
Siempre mía
Siempre nuestros."

Ludwig Van Beethoven

Morando bajo la sombra del Omnipotente

El que habita al abrigo del Altísimo
Morará bajo la sombra del Omnipotente.
Diré yo a Jehová: Esperanza mía, y castillo mío;
Mi Dios, en quien confiaré.
El te librará del lazo del cazador,
De la peste destructora.
Con sus plumas te cubrirá,
Y debajo de sus alas estarás seguro;
Escudo y adarga es su verdad.
No temerás el terror nocturno,
Ni saeta que vuele de día,
Ni pestilencia que ande en oscuridad,
Ni mortandad que en medio del día destruya.
Caerán a tu lado mil,
Y diez mil a tu diestra;
Mas a ti no llegará.
Ciertamente con tus ojos mirarás
Y verás la recompensa de los impíos.
Porque has puesto a Jehová, que es mi esperanza,
Al Altísimo por tu habitación,
No te sobrevendrá mal,
Ni plaga tocará tu morada.
Pues a sus ángeles mandará acerca de ti,
Que te guarden en todos tus caminos.
En las manos te llevarán,
Para que tu pie no tropiece en piedra.
Sobre el león y el áspid pisarás;

Hollarás al cachorro del león y al dragón.
Por cuanto en mí ha puesto su amor, yo también lo
libraré;
Le pondré en alto, por cuanto ha conocido mi nombre.
Me invocará, y yo le responderé;
Con él estaré yo en la angustia;
Lo libraré y le glorificaré.
 Lo saciaré de larga vida,
Y le mostraré mi salvación.

Salmo: 91- Reina – Valera (1960)

Jehová es mi Pastor

Jehová es mi pastor; nada me faltará.
 En lugares de delicados pastos me hará descansar;
Junto a aguas de reposo me pastoreará.
Confortará mi alma;
Me guiará por sendas de justicia por amor de su
nombre. Aunque ande en valle de sombra de muerte,
No temeré mal alguno, porque tú estarás conmigo;
Tu vara y tu cayado me infundirán aliento.
Aderezas mesa delante de mí en presencia de mis
angustiadores;
Unges mi cabeza con aceite; mi copa está rebosando.
Ciertamente el bien y la misericordia me seguirán todos
Los días de mi vida,
Y en la casa de Jehová moraré por largos días.

Salmo: 23. Reina – Valera (1960)

Todo tiene su tiempo

Todo tiene su tiempo, y todo lo que se quiere debajo del cielo tiene su hora. Tiempo de nacer, y tiempo de morir; tiempo de plantar, y tiempo de arrancar lo plantado; tiempo de matar, y tiempo de curar; tiempo de destruir, y tiempo de edificar; tiempo de llorar, y tiempo de reír; tiempo de endechar, y tiempo de bailar;

tiempo de esparcir piedras, y tiempo de juntar piedras; tiempo de abrazar, y tiempo de abstenerse de abrazar; tiempo de buscar, y tiempo de perder; tiempo de guardar, y tiempo de desechar; tiempo de romper, y tiempo de coser; tiempo de callar, y tiempo de hablar; tiempo de amar, y tiempo de aborrecer; tiempo de guerra, y tiempo de paz. ¿Qué provecho tiene el que trabaja, de aquello en que se afana? Yo he visto el trabajo que Dios ha dado a los hijos de los hombres para que se ocupen en él. Todo lo hizo hermoso en su tiempo; y ha puesto eternidad en el corazón de ellos, sin que alcance el hombre a entender la obra que ha hecho Dios desde el principio hasta el fin.

Yo he conocido que no hay para ellos cosa mejor que alegrarse, y hacer bien en su vida; y también que es don de Dios que todo hombre coma y beba, y goce el bien de toda su labor.

He entendido que todo lo que Dios hace será perpetuo; sobre aquello no se añadirá, ni de ello se disminuirá; y lo hace Dios, para que delante de él teman los hombres.

Aquello que fue, ya es; y lo que ha de ser, fue ya; y Dios restaura lo que pasó.

Eclesiastes: 3: 1-15 Reina – Valera (1960)

Injusticias de la vida

Vi más debajo del sol: en lugar del juicio, allí impiedad; y en lugar de la justicia, allí iniquidad. Y dije yo en mi corazón: Al justo y al impío juzgará Dios; porque allí hay un tiempo para todo lo que se quiere y para todo lo que se hace. Dije en mi corazón: Es así, por causa de los hijos de los hombres, para que Dios los pruebe, y para que vean que ellos mismos son semejantes a las bestias. Porque lo que sucede a los hijos de los hombres, y lo que sucede a las bestias, un mismo suceso es: como mueren los unos, así mueren los otros, y una misma respiración tienen todos; ni tiene más el hombre que la bestia; porque todo es vanidad. Todo va a un mismo lugar; todo es hecho del polvo, y todo volverá al mismo polvo. ¿Quién sabe que el espíritu de los hijos de los hombres sube arriba, y que el espíritu del animal desciende abajo a la tierra? Así, pues, he visto que no hay cosa mejor para el hombre que alegrarse en su trabajo, porque esta es su parte; porque ¿quién lo llevará para que vea lo que ha de ser después de él?

Eclesiastes: 3: 16-22 Reina – Valera (1960)

El ensueño de la esposa

Por las noches busqué en mi lecho al que ama mi alma;
Lo busqué, y no lo hallé.
Y dije: Me levantaré ahora, y rodearé por la ciudad;
Por las calles y por las plazas
Buscaré al que ama mi alma;
Lo busqué, y no lo hallé.
Me hallaron los guardas que rondan la ciudad,
Y les dije: ¿Habéis visto al que ama mi alma?
Apenas hube pasado de ellos un poco,
Hallé luego al que ama mi alma
Lo así, y no lo dejé,
Hasta que lo metí en casa de mi madre,
Y en la cámara de la que me dio a luz.
Yo os conjuro, oh doncellas de Jerusalén,
Por los corzos y por las ciervas del campo,
Que no despertéis ni hagáis velar al amor,
Hasta que quiera.
El cortejo de bodas
¿Quién es ésta que sube del desierto como columna de
humo,Sahumada de mirra y de incienso
Y de todo polvo aromático?
He aquí es la litera de Salomón;
Sesenta valientes la rodean,
De los fuertes de Israel.
Todos ellos tienen espadas, diestros en la guerra;
Cada uno su espada sobre su muslo,
Por los temores de la noche.
El rey Salomón se hizo una carroza
De madera del Líbano.
Hizo sus columnas de plata,

Su respaldo de oro,
Su asiento de grana,
Su interior recamado de amor
Por las doncellas de Jerusalén.
Salid, oh doncellas de Sion, y ved al rey Salomón
Con la corona con que le coronó
su madre en el día de su desposorio,
Y el día del gozo de su corazón.

Cantares 3:1-11 Reina – Valera (1960

Elogio de la mujer virtuosa

Mujer virtuosa, ¿quién la hallará?
Porque su estima sobrepasa largamente a la de las
Piedras preciosas.
El corazón de su marido está en ella confiado,
Y no carecerá de ganancias.
Le da ella bien y no mal
Todos los días de su vida.
Busca lana y lino,
Y con voluntad trabaja con sus manos.
Es como nave de mercader;
Trae su pan de lejos.
Se levanta aun de noche
Y da comida a su familia
Y ración a sus criadas.
Considera la heredad, y la compra,
Y planta viña del fruto de sus manos.
Ciñe de fuerza sus lomos,
Y esfuerza sus brazos.

Ve que van bien sus negocios;
Su lámpara no se apaga de noche.
Aplica su mano al huso,
Y sus manos a la rueca.
Alarga su mano al pobre,
Y extiende sus manos al menesteroso.
No tiene temor de la nieve por su familia,
Porque toda su familia está vestida de ropas dobles.
 Ella se hace tapices;
De lino fino y púrpura es su vestido.
Su marido es conocido en las puertas,
Cuando se sienta con los ancianos de la tierra.
Hace telas, y vende,
Y da cintas al mercader.
Fuerza y honor son su vestidura;
Y se ríe de lo por venir.
Abre su boca con sabiduría,
Y la ley de clemencia está en su lengua.
Considera los caminos de su casa,
Y no come el pan de balde.
Se levantan sus hijos y la llaman bienaventurada;
Y su marido también la alaba:
Muchas mujeres hicieron el bien;
mas tú sobrepasas a todas.
Engañosa es la gracia, y vana la hermosura;
La mujer que teme a Jehová, ésa será alabada.
Dadle del fruto de sus manos,
Y alábenla en las puertas sus hechos.

La razón se pierde razonando

(Antonio Porchia)

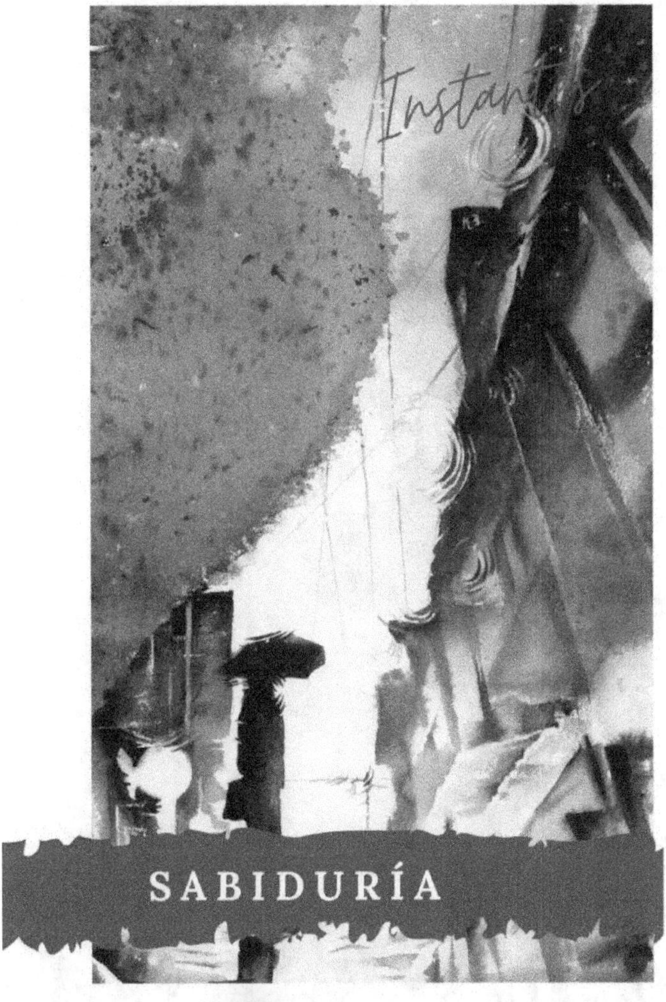

CREATIVIDAD
E INNOVACIÓN DE LUZ
EDITORIAL

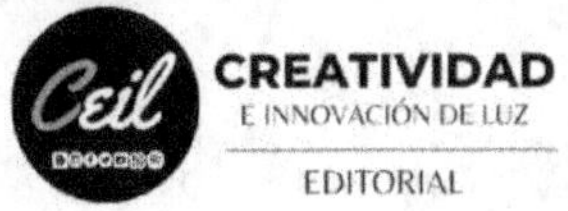

El **principio** de la **sabiduría** es el temor al **Señor**. Quienes practican esto adquieren entendimiento y alaban al Señor toda su vida

(Sal 111:10).

SABIDURIA

El hombre en busca de la sabiduría

Ciertamente la plata tiene sus veneros,
Y el oro lugar donde se refina.
El hierro se saca del polvo,
Y de la piedra se funde el cobre.
A las tinieblas ponen término,
Y examinan todo a la perfección,
Las piedras que hay en oscuridad y en sombra de
muerte.
Abren minas lejos de lo habitado,
En lugares olvidados, donde el pie no pasa.
Son suspendidos y balanceados, lejos de los demás
hombres.
De la tierra nace el pan,
Y debajo de ella está como convertida en fuego.
Lugar hay cuyas piedras son zafiro,
Y sus polvos de oro.
Senda que nunca la conoció ave,
Ni ojo de buitre la vio;
Nunca la pisaron animales fieros,
Ni león pasó por ella.
En el pedernal puso su mano,
Y trastornó de raíz los montes.
De los peñascos cortó ríos,
Y sus ojos vieron todo lo preciado.
Detuvo los ríos en su nacimiento,
E hizo salir a luz lo escondido.

Mas ¿dónde se hallará la sabiduría?
¿Dónde está el lugar de la inteligencia?
No conoce su valor el hombre,
Ni se halla en la tierra de los vivientes.
El abismo dice: No está en mí;
Y el mar dijo: Ni conmigo.
No se dará por oro,
Ni su precio será a peso de plata.
No puede ser apreciada con oro de Ofir,
Ni con ónice precioso, ni con zafiro.
El oro no se le igualará, ni el diamante,
Ni se cambiará por alhajas de oro fino.
No se hará mención de coral ni de perlas;
La sabiduría es mejor que las piedras preciosas.
No se igualará con ella topacio de Etiopía;
No se podrá apreciar con oro fino.
¿De dónde, pues, vendrá la sabiduría?
¿Y dónde está el lugar de la inteligencia?
Porque encubierta está a los ojos de todo viviente,
Y a toda ave del cielo es oculta.
El Abadón y la muerte dijeron:
Su fama hemos oído con nuestros oídos.
Dios entiende el camino de ella,
Y conoce su lugar.
Porque él mira hasta los fines de la tierra,
Y ve cuanto hay bajo los cielos.
Al dar peso al viento,
Y poner las aguas por medida;
Cuando él dio ley a la lluvia,
Y camino al relámpago de los truenos,
Entonces la veía él, y la manifestaba;
La preparó y la descubrió también.
Y dijo al hombre:

He aquí que el temor del Señor es la sabiduría,
Y el apartarse del mal, la inteligencia.

Job: 28:1-28 Reina – Valera (1960)

Excelencias de la sabiduría

Hijo mío, si recibieres mis palabras,
Y mis mandamientos guardares dentro de ti,
Haciendo estar atento tu oído a la sabiduría;
Si inclinares tu corazón a la prudencia,
Si clamares a la inteligencia,
Y a la prudencia dieres tu voz;
Si como a la plata la buscares,
Y la escudriñares como a tesoros,
Entonces entenderás el temor de Jehová,
Y hallarás el conocimiento de Dios.
Porque Jehová da la sabiduría,
Y de su boca viene el conocimiento y la inteligencia.
El provee de sana sabiduría a los rectos;
Es escudo a los que caminan rectamente.
Es el que guarda las veredas del juicio,
Y preserva el camino de sus santos.
Entonces entenderás justicia, juicio
Y equidad, y todo buen camino.
Cuando la sabiduría entrare en tu corazón,
Y la ciencia fuere grata a tu alma,
La discreción te guardará;

Te preservará la inteligencia,
1Para librarte del mal camino,
De los hombres que hablan perversidades,
Que dejan los caminos derechos,
Para andar por sendas tenebrosas;
Que se alegran haciendo el mal,
Que se huelgan en las perversidades del vicio;
Cuyas veredas son torcidas,
Y torcidos sus caminos.
Serás librado de la mujer extraña,
De la ajena que halaga con sus palabras,
La cual abandona al compañero de su juventud,
Y se olvida del pacto de su Dios.

Proverbios 2: 1-17 Reina – Valera (1960)

¿Quién ha creído a nuestro anuncio

Despreciado y desechado entre los hombres,
varón de dolores ,experimentado en quebranto;
y como que escondimos de él el rostro, fue
menospreciado,
y no lo estimamos.
Ciertamente llevó él nuestras enfermedades,
y sufrió nuestros dolores;
y nosotros le tuvimos por azotado,
por herido de Dios y abatido.
Mas él herido fue por nuestras rebeliones,
molido por nuestros pecados;
el castigo de nuestra paz
fue sobre él,

y por su llaga fuimos nosotros curados.
Todos nosotros nos descarriamos como ovejas,
cada cual se apartó por su camino;
mas Jehová cargó en él
el pecado de todos nosotros.
Angustiado él, y afligido,
no abrió su boca; como cordero fue llevado al
matadero;
y como oveja delante de sus trasquiladores,
enmudeció, y no abrió su boca.

Isaías 53:3-9 Reina – Valera (1960)

El siervo del Señor

»Aquí está mi siervo, a quien sostengo,
mi elegido, en quien me deleito.
He puesto en él mi espíritu
para que traiga la justicia a todas las naciones.
No gritará, no levantará la voz,
no hará oír su voz en las calles,
no acabará de romper la caña quebrada
ni apagará la mecha que arde débilmente.
Verdaderamente traerá la justicia.
No descansará ni su ánimo se quebrará,
hasta que establezca la justicia en la tierra.
Los países del mar estarán atentos a sus enseñanzas.»
Dios, el Señor, que creó el cielo y lo extendió,
que formó la tierra y lo que crece en ella,
que da vida y aliento a los hombres que la habitan,
dice a su siervo:

«Yo, el Señor, te llamé
y te tomé por la mano,
para que seas instrumento de salvación;
yo te formé, pues quiero que seas
señal de mi alianza con el pueblo,
luz de las naciones.
Quiero que des vista a los ciegos
y saques a los presos de la cárcel,
del calabozo donde viven en la oscuridad.
Yo soy el Señor, ése es mi nombre,
y no permitiré que den mi gloria a ningún otro
ni que honren a los ídolos en vez de a mí.
Miren cómo se cumplió todo lo que antes anuncié,
y ahora voy a anunciar cosas nuevas;
se las hago saber a ustedes antes que aparezcan.»

Isaías 42. 1-9 /DHH)

Promesa

Pongan atención, escuchen lo que digo,
oigan con cuidado mis palabras:
Cuando un agricultor va a sembrar,
no se pasa todo el tiempo arando
o rompiendo o rastrillando su terreno.
¿No es verdad que, después de haberlo aplanado,
esparce semillas de eneldo o comino,
y que luego siembra trigo en hileras,
y que en los bordes siembra cebada y centeno?
Dios le enseña cómo debe hacerlo.
Porque el eneldo no se trilla,

ni se hace rodar sobre el comino una carreta;
sino que el eneldo se sacude con un palo
y el comino con una vara.
El trigo se trilla, si, pero no sin parar;
se hacen pasar las ruedas de la carreta
y se separa el grano, pero sin machacarlo.
Así también hace sus planes el Señor todopoderoso.
Él tiene planes admirables,
y los lleva a cabo con gran sabiduría.

Isaías: 28: 23-29 (DHH)

Omnipresencia y omnisciencia de Dios

Oh Jehová, tú me has examinado y conocido.
Tú has conocido mi sentarme y mi levantarme;
Has entendido desde lejos mis pensamientos.
Has escudriñado mi andar y mi reposo,
Y todos mis caminos te son conocidos.
Pues aún no está la palabra en mi lengua,
Y he aquí, oh Jehová, tú la sabes toda.
Detrás y delante me rodeaste,
Y sobre mí pusiste tu mano.
Tal conocimiento es demasiado maravilloso para mí;
Alto es, no lo puedo comprender.
¿A dónde me iré de tu Espíritu?
¿Y a dónde huiré de tu presencia?
Si subiere a los cielos, allí estás tú;
Y si en el Seol hiciere mi estrado, he aquí, allí tú estás.
Si tomare las alas del alba

Y habitare en el extremo del mar,
Aun allí me guiará tu mano,
Y me asirá tu diestra.
Si dijere: Ciertamente las tinieblas me encubrirán;
Aun la noche resplandecerá alrededor de mí.
Aun las tinieblas no encubren de ti,
Y la noche resplandece como el día;
Lo mismo te son las tinieblas que la luz.
Porque tú formaste mis entrañas;
Tú me hiciste en el vientre de mi madre.
Te alabaré; porque formidables, maravillosas son tus obras;
Estoy maravillado,
Y mi alma lo sabe muy bien.
No fue encubierto de ti mi cuerpo,
Bien que en oculto fui formado,
Y entretejido en lo más profundo de la tierra.
Mi embrión vieron tus ojos,
Y en tu libro estaban escritas todas aquellas cosas
Que fueron luego formadas,
Sin faltar una de ellas.
!!Cuán preciosos me son, oh Dios, tus pensamientos!
!!Cuán grande es la suma de ellos!
Si los enumero, se multiplican más que la arena;
Despierto, y aún estoy contigo.
De cierto, oh Dios, harás morir al impío;
Apartaos, pues, de mí, hombres sanguinarios.
Porque blasfemias dicen ellos contra ti;
Tus enemigos toman en vano tu nombre.
¿No odio, oh Jehová, a los que te aborrecen,Y me enardezco contra tus enemigos?
Los aborrezco por completo;
Los tengo por enemigos.

Examíname, oh Dios, y conoce mi corazón;
Pruébame y conoce mis pensamientos;
Y ve si hay en mí camino de perversidad,
Y guíame en el camino eterno.

Salmo 139. (RVR 1960)

Jehová es mi luz y mi salvación

Jehová es mi luz y mi salvación; ¿de quién temeré?
Jehová es la fortaleza de mi vida; ¿de quién he de atemorizarme?
Cuando se juntaron contra mí los malignos, mis angustiadores y mis enemigos,
Para comer mis carnes, ellos tropezaron y cayeron.
Aunque un ejército acampe contra mí,
No temerá mi corazón;
Aunque contra mí se levante guerra,
Yo estaré confiado.
Una cosa he demandado a Jehová, ésta buscaré;
Que esté yo en la casa de Jehová todos los días de mi vida,
Para contemplar la hermosura de Jehová, y para inquirir en su templo.
Porque él me esconderá en su tabernáculo en el día del mal;
Me ocultará en lo reservado de su morada;
Sobre una roca me pondrá en alto.
Luego levantará mi cabeza sobre mis enemigos que me rodean,
Y yo sacrificaré en su tabernáculo sacrificios de júbilo;
Cantaré y entonaré alabanzas a Jehová.
Oye, oh Jehová, mi voz con que a ti clamo;
Ten misericordia de mí, y respóndeme.
Mi corazón ha dicho de ti: Buscad mi rostro.
Tu rostro buscaré, oh Jehová;
No escondas tu rostro de mí.

No apartes con ira a tu siervo;
Mi ayuda has sido.
No me dejes ni me desampares, Dios de mi salvación.
Aunque mi padre y mi madre me dejaran,
Con todo, Jehová me recogerá.
Enséñame, oh Jehová, tu camino,
Y guíame por senda de rectitud
A causa de mis enemigos.
No me entregues a la voluntad de mis enemigos;
Porque se han levantado contra mí testigos falsos, y los
que respiran crueldad.
Hubiera yo desmayado, si no creyese que veré la bondad
de Jehová
En la tierra de los vivientes.
Aguarda a Jehová;
Esfuérzate, y aliéntese tu corazón;
Sí, espera a Jehová.

Salmo 27 (RVR 1960)

No Temas

«Escucha, Israel, pueblo de Jacob,
mi siervo, a quien yo he elegido,
pueblo descendiente de mi amigo Abraham:
Yo te saqué del extremo de la tierra,
te llamé desde el rincón más alejado
y te dije: "Tú eres mi siervo."
Yo te elegí y no te he rechazado.
No tengas miedo, pues yo estoy contigo;
no temas, pues yo soy tu Dios.
Yo te doy fuerzas, yo te ayudo,
yo te sostengo con mi mano victoriosa.
Todos los que te odian
quedarán avergonzados y humillados;
los que luchan contra ti
quedarán completamente exterminados.
Buscarás a tus enemigos
y no los encontrarás;
los que te hacen la guerra
serán como si no existieran.
Porque yo, el Señor tu Dios,
te he tomado de la mano;
yo te he dicho: "No tengas miedo, yo te ayudo."»

Isaías: 41: 8-13 (DHH)

La bendición sacerdotal

Jehová te bendiga, y te guarde; Jehová haga resplandecer surostro sobre ti, y tenga de ti misericordia; Jehová alce sobre ti su rostro, y ponga en ti paz.

Números 6:22-27 RVR1960

Ten piedad de mí, oh Dios

Ten piedad de mí, oh Dios, conforme a tu misericordia;
Conforme a la multitud de tus piedades
borra mis rebeliones.
Lávame más y más de mi maldad,
Y límpiame de mi pecado.
Porque yo reconozco mis rebeliones,
Y mi pecado está siempre delante de mí.

Contra ti, contra ti solo he pecado,
Y he hecho lo malo delante de tus ojos;
Para que seas reconocido justo en tu palabra,

Y tenido por puro en tu juicio.
He aquí, en maldad he sido formado,
Y en pecado me concibió mi madre.
He aquí, tú amas la verdad en lo íntimo,
Y en lo secreto me has hecho comprender sabiduría.
Purifícame con hisopo, y seré limpio;
Lávame, y seré más blanco que la nieve.
Hazme oír gozo y alegría,
Y se recrearán los huesos que has abatido.
Esconde tu rostro de mis pecados,
Y borra todas mis maldades.
Crea en mí, oh Dios, un corazón limpio,
Y renueva un espíritu recto dentro de mí.
No me eches de delante de ti,
Y no quites de mí tu santo Espíritu.
Vuélveme el gozo de tu salvación,
Y espíritu noble me sustente.
Entonces enseñaré a los transgresores tus caminos,
Y los pecadores se convertirán a ti.
Líbrame de homicidios, oh Dios, Dios de mi salvación;
Cantará mi lengua tu justicia.
Señor, abre mis labios,
Y publicará mi boca tu alabanza.
Porque no quieres sacrificio, que yo lo daría;
No quieres holocausto.
Los sacrificios de Dios son el espíritu quebrantado;
Al corazón contrito y humillado no despreciarás tú, oh
Dios. Haz bien con tu benevolencia a Sion;
Edifica los muros de Jerusalén.
Entonces te agradarán los sacrificios de justicia,
El holocausto u ofrenda del todo quemada;
Entonces ofrecerán becerros sobre tu altar.

Salmo: 51. Reina – Valera (1960)

El nuevo mandamiento

Os escribo a vosotros, hijitos, porque vuestros pecados os han sido perdonados, por su nombre. Os escribo a vosotros, padres, porque conocéis al que es desde el principio.

Os escribo a vosotros, jóvenes, porque habéis vencido al maligno. Os escribo a vosotros, hijitos, porque habéis conocido al Padre. Os he escrito a vosotros, padres, porque habéis conocido al que es desde el principio. Os he escrito a vosotros, jóvenes, porque sois fuertes, y la palabra de Dios permanece en vosotros, y habéis vencido al maligno.

No améis al mundo, ni las cosas que están en el mundo. Si alguno ama al mundo, el amor del Padre no está en él. Porque todo lo que hay en el mundo, los deseos de la carne, los deseos de los ojos, y la vanagloria de la vida, no proviene del Padre, sino del mundo. Y el mundo pasa, y sus deseos; pero el que hace la voluntad de Dios permanece para siempre.

Protección

Bienaventurado el pueblo que sabe aclamarte;
Andará, oh Jehová, a la luz de tu rostro.
En tu nombre se alegrará todo el día,
Y en tu justicia será enaltecido.
Porque tú eres la gloria de su potencia,
Y por tu buena voluntad acrecentarás nuestro poder.
Porque Jehová es nuestro escudo,
Y nuestro rey es el Santo de Israel.
Entonces hablaste en visión a tu santo,
Y dijiste: He puesto el socorro sobre uno que es
poderoso;
He exaltado a un escogido de mi pueblo.
Hallé a David mi siervo;
Lo ungí con mi santa unción.
Mi mano estará siempre con él,
Mi brazo también lo fortalecerá.
No lo sorprenderá el enemigo,
Ni hijo de iniquidad lo quebrantará;
Sino que quebrantaré delante de él a sus enemigos,
Y heriré a los que le aborrecen.
Mi verdad y mi misericordia estarán con él,
Y en mi nombre será exaltado su poder.
Asimismo pondré su mano sobre el mar,
Y sobre los ríos su diestra.
El me clamará: Mi padre eres tú,
Mi Dios, y la roca de mi salvación.
Yo también le pondré por primogénito,
El más excelso de los reyes de la tierra.

Para siempre le conservaré mi misericordia,
Y mi pacto será firme con él.
Pondré su descendencia para siempre,
Y su trono como los días de los cielos.
Si dejaren sus hijos mi ley,
Y no anduvieren en mis juicios,
Si profanaren mis estatutos,
Y no guardaren mis mandamientos,
Entonces castigaré con vara su rebelión,
Y con azotes sus iniquidades.
Mas no quitaré de él mi misericordia,
Ni falsearé mi verdad.
No olvidaré mi pacto,
Ni mudaré lo que ha salido de mis labios.
Una vez he jurado por mi santidad,
Y no mentiré a David.
Su descendencia será para siempre,
Y su trono como el sol delante de mí.
Como la luna será firme para siempre,
Y como un testigo fiel en el cielo. Selah

Salmo 89: 15-37 Reina – Valera (1960)

La respuesta

Yo conozco que todo lo puedes, Y que no hay pensamiento que se esconda de ti. ¿Quién es el que oscurece el consejo sin entendimiento? Por tanto, yo hablaba lo que no entendía, cosas demasiado maravillosas para mí, que yo no comprendía.

Oye, te ruego, y hablaré;
Te preguntaré, y tú me enseñarás.
De oídas te había oído;
Mas ahora mis ojos te ven.
Por tanto me aborrezco,
Y me arrepiento en polvo y ceniza.

Job: 42:1-6 Reina – Valera (1960)

Job: 42:12-17 Reina – Valera (1960)

Y bendijo Jehová el postrer estado de Job más que el primero; porque tuvo catorce mil ovejas, seis mil camellos, mil yuntas de bueyes y mil asnas, y tuvo siete hijos y tres hijas. Llamó el nombre de la primera, Jemima, el de la segunda, Cesia, y el de la tercera, Keren-hapuc.

Y no había mujeres tan hermosas como las hijas de Job en toda la tierra; y les dio su padre herencia entre sus hermanos. Después de esto vivió Job ciento cuarenta años, y vio a sus hijos, y a los hijos de sus hijos, hasta la cuarta generación. Y murió Job viejo y lleno de días.

EL AUTOR

Triste es el hombre en el que nada queda de niño

(Arturo Graf)

Entonces Jesús dijo:

—Dejen que los niños vengan a mí, y no se lo impidan, porque el reino de los cielos es de quienes son como ellos.

Acerca de Autor

Juan Nicolás Rosero Rodriguez nació en Bogotá un 25 de julio de 1978, reside actualmente en la ciudad de Bogotá. Casado felizmente con la Sra. Lady Hernández Bulla. Padres de tres hijas maravillosas, Camila, Paula y Sara Valentina. Servidores activos la iglesia cristiana: "El lugar de su presencia". Durante su formación el autor ha emprendido como emprendedor diversos proyectos comerciales: agencia de seguros y agencias de viajes, Call Center, y programas de asistencias en seguros y convenios comerciales. Ha sido un autodidacta. Su pasión por escribir es el resultado de una vida de profunda investigación en las áreas de: Teología, Ciencias, Artes y hace unos años en los temas relacionados con las Tecnologías de la informática. Actualmente es Ceo de la editorial: "Creatividad e Innovación de luz" Editorial de autoedición independiente donde la propuesta es contribuir a todo proyecto literario y artístico basado en la creatividad y la Innovación, creando así productos originales que puedan ser publicados con estilo y elegancia.

Tu sabiduría vale tanto como nada si nadie sabe cuánto es tu saber

(Aulo Persio)

Notas Bibliográficas

Poesía experimental.

- Victorious Temporada 1 Capitulo 2 (Parte 8) Nickelodeon. 2020
- Ken Robinson. (2015) Escuelas Creativas: La Revolución que Está Transformando la Educación. Editorial Grijalbo. Barcelona
- 2 Reyes 4.24 Reina – Valera (1960)
  Génesis: 30. 31-43 DHH
  Génesis 41.25 .31 DHH
  Jeremías 13.4-9 DHH
  Jeremías 13.13-13 DHH
  Jeremías 13-25-26 DHH
  Gálatas 4.25 Reina – Valera (1960)
  Éxodo 19:18-23:3 Reina-Valera 196
  1 Corintios 13:8 Reina-Valera 1960

Autores clásicos.

- A Margarita Debayle "El viaje a Nicaragua e Intermezzo Tropical" de 1909 Rubén Darío - Biblioteca Ateneo.
- Sonatina: La princesa está triste. Poesía de Rubén Darío - Versos alejandrinos a la francesa, 1896
- Gustavo Adolfo Bécquer, «Autógrafo de la rima x, xiv » (1860)
- Rubén Darío. (1913) - Los motivos del lobo
- Rubén Darío. Abrojos - El poema fue incluido en el libro Abrojos, publicado en Chile en 1887.
- Vicente Huidobro -Triángulo armónico - Caligrama realizado y

-
-
-
- publicado en su libro Canciones en la Noche (1913).
- Ernesto Noboa. (Guayaquil, 1889-1927). Emoción vesperal - Ernesto Noboa y Caamaño.
- Ludwig van Beethoven (1770-1827). Esta carta es uno de los documentos más famosos del legado del gran compositor alemán.

Textos bíblicos.

- Salmo: 91. Reina – Valera (1960)
- Salmo: 23. Reina – Valera (1960)
- Eclesiastés: 3: 1-15 Reina – Valera (1960)
- Eclesiastés: 3: 16-22 Reina – Valera (1960)
- Cantares 3:1-11 Reina – Valera (1960
- Proverbios 31:10-31 Reina – Valera (1960)
- Job: 28:1-28 Reina – Valera (1960)

- Proverbios 2:1-17 Reina – Valera (1960)
- Isaías 53:3-9 Reina – Valera (1960)

- Isaías 42. 1-9 /DHH)
- Isaías: 28: 23-29 (DHH)
- Isaías: 41: 8-13 (DHH)
- Números 6:22-27 RVR1960
- Salmo: 51. Reina – Valera (1960)
- Job: 42:1-6 Reina – Valera (1960)
- Job: 42:12-17 Reina – Valera (1960)

CREATIVIDAD
E INNOVACIÓN DE LUZ

EDITORIAL

Otras publicaciones de la editorial: Creatividad e innovación de luz

Todos conocemos la importancia de la educación en el mundo entero. A lo largo de los años hemos visto cómo se ha intentado toda clase de estrategias y proyectos en un determinado contexto cultural. En esta obra el Doctor en ciencias de la educación: Héctor Manuel Rodríguez Díaz nos presenta una estrategia relevante y necesaria en el ámbito educativo. La importancia para realizar el presente proyecto (FICE) Felicidad Interna de Convivencia Escolar. Consiste en superar el estado de violencias en las escuelas y colegios del país y prevenir agresiones físicas y psíquicas entre estudiantes.

Otras publicaciones de la editorial: Creatividad e innovación de luz

Los Derechos Del Niño

La educación es la única opción que tienen los pueblos y el ser humano para su liberación. Garantizar a las niñas, niños y adolescentes un desarrollo integral. En pleno y armonioso desarrollo dentro de la familia y la comunidad, es necesario un ambiente de felicidad, amor respeto y comprensión.El Estado, en tanto organizador del poder político, tiene como fin primordial la protección de los integrantes de la familia siguiendo la estructura normativa en la que la Constitución Nacional está en la cima de las demás normas, y como señala en su Artículo 45 que es la base de un Estado Social de Derecho.

Manual de Procedimientos para la elaboración de proyectos educativos

La columna vertebral de la presente propuesta es defender las líneas de la reflexión, análisis, síntesis, interpretación y transformación de los contextos, diagnósticos, Orientaciones en evaluación, Contenidos P.E.I. y herramientas, siempre en un ámbito de investigación.

El Desarrollo Comunitario y el Postconflicto

Se puede y se debe sumir a corto plazo las formas más avanzadas de participación comunitaria en investigación social, en procura de ganar confianza a largo plazo, fortalecer el derecho a la educación desde lo económico y sobre todo en la formación de maestros.

Líder día a día "Los líderes que se destacan salen de su camino para elevar la autoestima de la comunidad. Es sorprendente lo que las personas pueden lograr cuando creen que todo es posible".

Gonzalo Gallo.